God Save the Queer

DE LA MÊME AUTRICE

Accabadora, traduction de Nathalie Bauer, Seuil, Paris, coll. Cadre vert, 2011.

La Guerre des saints, traduction de Nathalie Bauer, Seuil, Paris, coll. Cadre vert, 2013.

Leçons pour un jeune fauve, traduction de Nathalie Bauer, Seuil, Paris, coll. Cadre vert, 2017.

Devenir fasciste, mode d'emploi, traduction d'Angela Calaprice, Plon, Paris, 2024.

Michela Murgia

God Save the Queer

Catéchisme féministe

Traduit de l'italien
par Raphaëlle Claudios

PLON
www.plon.fr

Conseil éditorial : Lorraine Selle-Delavaud

Avec le soutien du CNL
CNL CENTRE NATIONAL DU LIVRE

92, avenue de France
75013 Paris
www.plon.fr – www.lisez.com

Dépôt légal : janvier 2025
ISBN : 978-2-259-32059-7
Mise en pages : Nord Compo

À ma famille queer

Catholique et féministe

« Comment est-ce que tu fais pour être catholique et féministe en même temps ? Tu ne trouves pas que c'est contradictoire ? » J'ai arrêté, il y a des années, de compter le nombre de fois où l'on m'a posé ces questions. Je n'ai jamais cessé, en revanche, de chercher la réponse, car l'interrogation sous-jacente est bel et bien fondée. Comment peut-on être féministe – et activiste, qui plus est – quand on a foi en ce Dieu au nom duquel on s'agenouille dans un système religieux aussi patriarcal et inflexible face au changement culturel ? Comment concilier ses certitudes spirituelles avec l'impression de collaborer au maintien d'une institution machiste, vieille de plusieurs milliers d'années, qui pratique la discrimination dans ses structures bien avant même de la mettre en œuvre dans sa doctrine ? Cette question ne s'adresse pas uniquement aux femmes, mais à toute personne croyante, car elle touche à l'idée de Dieu que nous partageons, avant de toucher à celle que nous avons, individuellement, de nous-mêmes.

L'idée de Dieu que mon Église professe inclut-elle ma liberté ou la nie-t-elle ? Est-ce une idée qui me condamne ou qui m'accueille ? Qui me juge ou qui m'écoute ? Me fait-elle une place ? Reconnaît-elle mon individualité ? Dieu m'aime-t-il tel·le que je suis et tel·le que je voudrai être, ou serai-je toujours un désordre objectif dans l'ordre de la Création, une anomalie de programmation destinée à rester en marge et regardée d'un œil suspect, un péché ambulant simplement parce que j'existe comme je suis ? Il n'y a pas que les personnes LBGTQIA+ croyantes qui se posent ces questions au quotidien, mais aussi quiconque se trouve parfois face à la nécessité de chercher un compromis entre sa conscience et les enseignements de la foi, en particulier ceux liés à la vie physique : la sexualité non reproductive, l'avortement, l'euthanasie, la procréation assistée et tout autre moyen d'échapper au piège déterministe de la biologie. Les réponses sont complexes.

Le court-circuit qui se crée entre ce que beaucoup croient et ce qu'ils vivent a souvent été abordé (mais rarement résolu) en contournant l'encombrement idéologique de l'institution ecclésiale. Vous avez probablement déjà entendu dire, sinon peut-être déjà dit vous-même, quelque chose comme : « Je crois au Dieu de Jésus-Christ, mais je ne me reconnais ni dans ses représentants ni dans les formes historiques que la foi a prises. » C'est la dimension du sacré sur mesure, chacun·e pour soi et Dieu pour tous·tes, engendrée par la conviction un peu naïve qu'il n'existe, au monde, que la Grande Église chantée par Jovanotti, qui va de Che Guevara à Mère Teresa. Je ne peux rien vous garantir concernant Che Guevara, mais je crois pouvoir dire que cette idée n'aurait pas convaincu la religieuse albanaise, qui avait une conception bien précise de l'Église et n'a jamais changé d'avis. Mère Teresa a certainement vécu, elle aussi, son lot de contradictions, mais elle n'avait pas à composer avec celle de son féminisme. Pour celles et ceux qui comme moi doivent le faire, la question reste ouverte et doit être prise au sérieux. Il faut pour cela, selon moi, se poser au moins deux questions.

Est-il possible d'être à la fois croyant·e, féministe et queer ? Pour moi – je *spoile* ici la thèse de ce livre –, oui. Mais cela n'a, bien sûr, rien de simple.

Est-il possible de résoudre les contradictions nées de la coexistence de ces perspectives ? Non, ou du moins pas entièrement, mais je tenterai d'expliquer pourquoi ce n'est pas forcément préférable de trouver une réponse.

Le sujet est-il donc clos ? Loin de là. Dans l'espace étroit qui s'ouvre entre ces deux questions et leurs réponses respectives se déroule laborieusement la vie quotidienne de millions de personnes qui souffrent d'une marginalisation à l'intérieur de l'Église à laquelle elles se sentent appartenir et qui voudraient continuer à croire en Dieu sans se percevoir comme des anomalies au sein de leur communauté de foi. Ces personnes, dont je fais partie, ont besoin d'une réflexion pour comprendre quels aspects de la vie et de la spiritualité sont vraiment aussi inconciliables qu'il y paraît – peut-être moins qu'on ne le pense – et surtout, s'ils sont réellement fondateurs de la profession de foi, et non un héritage historique qu'il convient de remettre en question jour après jour à la lumière de l'Évangile et de sa propre intelligence.

Alors, pourquoi ce livre ? Pour fournir des outils afin de faire face à certaines contradictions – les principales, je l'espère. Pour ce faire, j'ai choisi de partir de la relecture de la profession de foi catholique, le *Credo*, récité à notre place le jour de notre baptême et dont les affirmations constituent, depuis deux mille ans, le kit de base de toute personne christianisée. Ce livre, en revanche, ne sert pas à choisir entre être croyant·e et être féministe. La vie n'est pas un échiquier qui attendrait la victoire des blancs ou des noirs. Lorsqu'il s'agit de questions de conscience, et la foi en est une, les choix tranchés sont l'antichambre de l'hérésie qui, dans l'histoire des divisions ecclésiales, a toujours émergé de la violence d'un *aut aut* (ou bien, ou bien). Dans ces questions-là, choisir un camp est un acte d'inhumanité, car les êtres humains se trouvent aussi bien d'un côté que de l'autre. Pour l'Église, le sceau de la foi est bien plus reconnaissable dans la pratique du *et et*, qui réunit souvent des vérités en apparence contraires. Le Dieu des chrétiens semble aimer lui-même se présenter sous la forme d'une contradiction : il est divin, mais humain ; un, mais trine ; miséricordieux, mais juste ; il est tout-puissant, mais il s'est laissé tuer sur la croix, sans se défendre. La liste pourrait être allongée encore, et, parmi ces couples de contraires, chacun·e est libre, bien sûr, de choisir le visage de Dieu qui a sa préférence, mais il ne faut pas oublier que les autres options ont été et restent toujours possibles. Au fil des siècles, la théologie a travaillé avec assiduité à garder unis les oxymores de la Révélation, en évitant la facilité de la simplification. Chaque fois que l'on a essayé d'écarter ou de minimiser l'un des aspects contradictoires pour se rapprocher du confort qu'offrent les définitions claires et nettes, on s'est aventuré sur la terre de l'hérésie, où l'on perd une part de divinité et souvent, aussi, beaucoup d'humanité.

Je voudrais comprendre, en tant que féministe, si la foi chrétienne va vraiment à l'encontre de notre désir d'un monde inclusif et non patriarcal, ou si elle ne pourrait pas, au contraire, être une alliée. En tant que chrétienne, je crois que la foi aussi a besoin de la perspective féministe et queer, car la Révélation ne sera achevée que lorsque chacun·e d'entre nous pourra sentir sur soi le regard générateur d'un Dieu qui déclare que ce qu'il voit « est une bonne chose ».

Note de méthode : conformément à la pratique féministe habituelle, mes réflexions naîtront souvent de mon expérience personnelle, mais vous trouverez, en fin de volume, une invitation à approfondir ces questions à travers quelques textes écrits par d'autres. La langue utilisée dans ce livre cherche à refléter la plus grande pluralité possible, dans la mesure où l'état actuel de son développement le permet.

Ce qu'adopter une perspective théologique queer veut dire (et aussi, un peu, ce que « queer » veut dire)

En 2017, la star de la pop Harry Styles, en réponse à une question directe sur son orientation sexuelle, déclarait ne pas ressentir le besoin de s'attribuer une étiquette – « *not labeling* » – et que l'acte même de demander à quelqu'un·e de se définir de manière univoque était, à ses yeux, dépassé. Il n'entendait pas par là qu'entre le masculin et le féminin, le gay et l'hétéro, il pouvait décider d'être un peu l'un ou l'autre selon son humeur au saut du lit. Il voulait dire, de façon plus profonde, que le fait d'utiliser certaines catégories, en l'occurrence celles de la binarité de genre et d'orientation, était une pratique obsolète. Il ne s'agissait pas d'une troisième réponse à la sempiternelle question, mais de l'affirmation bien plus radicale que cette question était vide de sens. Je ne pouvais qu'être d'accord avec lui, car j'avais vu la « créature du seuil » qu'était David Bowie vivre toute sa vie comme un félin, franchissant constamment, dans un sens comme dans l'autre, les frontières de genre et d'orientation. Les mots d'Harry Styles, vingt-trois ans, prononcés qui plus est depuis la position privilégiée de celui qui, dans le monde du show-business, peut transgresser autant qu'il le souhaite sans être trop jugé en retour, ne révolutionnèrent rien en moi, mais ils me firent plaisir : ils étaient la preuve que les résultats des luttes pour les droits auxquelles j'avais moi-même participé étaient parvenus aux personnes nées plus tard, et j'espérais que son refus d'être catalogué serait tout aussi libérateur pour sa génération que la façon d'être de Bowie l'avait été pour la mienne. Au fil des ans, j'ai vu Harry Styles utiliser avec une grande désinvolture la panoplie du *genderless*, en brandissant le drapeau arc-en-ciel ou en portant des vêtements et accessoires « pour femme » lors d'événements publics. Jusqu'à la célèbre couverture de *Vogue America*, en 2020, sur laquelle, premier homme à y apparaître seul, il a posé dans une robe à volants Gucci qui a fait bouillir de rage les commentatrices pro-Trump nostalgiques d'une Amérique faite d'« hommes forts », de pionniers machos et de cow-boys bourrus. Cette mobilité symbolique a cependant aussi fait de lui l'objet d'une discussion animée au sein du monde arc-en-ciel, où si certain·es se félicitent de son refus d'être mis dans une case, d'autres voient dans ce refus du *rainbow washing* une stratégie pour s'attirer commercialement les faveurs de la communauté LGBTQIA+, sans jamais néanmoins payer le prix de la discrimination qui naît de l'appartenance à cette communauté.

En réalité, ce que fait Harry Styles en évitant de s'autoattribuer les catégories d'« homo », d'« hétéro » ou de « bisexuel » est une pratique queer. Lorsque Bowie le faisait, ça n'avait pas de nom, car Eve Kosofsky Sedgwick n'avait pas encore écrit son précieux essai *Épistémologie du placard* (1990), qui allait jeter les bases théoriques d'une nouvelle façon d'envisager l'identité, sexuelle ou non, des personnes. Il faut faire attention lorsque l'on donne des noms aux choses, car ces noms modifient les modalités de la relation. Le refus d'être défini·e par un dedans et un dehors, que j'appellerai aussi « pratique du seuil », porte aujourd'hui le nom de « queerness ». D'ailleurs, le simple fait que ce mot existe indique la possibilité qu'une indétermination personnelle puisse devenir un phénomène susceptible d'être partagé, car ce qui porte un nom commun pour tous·tes appartient déjà potentiellement à tout le monde.

La question suivante, ici, est inévitable : pourquoi une partie de la communauté LGBTQIA+, à l'exception de la composante réunie sous la lettre *Q*, devrait-elle opposer une résistance à quelqu'un·e qui exprime sa *queerness* ? La première raison est que, si vous vivez dans un monde qui vous nie ou qui vous définit comme une anomalie du système, crier : « J'existe et j'existe tel·le que je suis » est un acte fondamental d'autodétermination et de protestation. C'est de ce besoin que sont nés le coming out et la Marche des fiertés comme pratiques politiques, et il n'est pas étrange que quiconque a vécu sa propre révélation de soi comme une conquête ait du mal à comprendre que la non-révélation de soi puisse en être une aussi. Voilà pourquoi de nombreuses personnes homosexuelles déclarées considèrent celles qui ne se révèlent pas – surtout s'il s'agit de célébrités – comme manquant de courage, comme des âmes effrayées vivant encore *in the closet*, cachées dans le placard. C'est Chiara Valerio qui a mis le doigt sur la seconde raison en affirmant que donner un nom à quelque chose ne signifie pas forcément l'inclure, mais souvent le contraire : « Il n'existe pas de langages inclusifs. Parler signifie nommer, nommer signifie exclure. » Ainsi, même le mot « queer » exclut : il exclut la nécessité des autres définitions. L'expression de la *queerness*, si l'on considère les catégories du binarisme comme dépassées, sous-entend qu'elles sont limitatives, ce qui, bien sûr, ne peut pas plaire à celles et ceux qui se les seraient attribuées, surtout si pour ce faire, il leur a fallu parcourir un chemin douloureux. Dans un système où les identités sont hiérarchisées, il faut, avant de dire qui l'on est, relever le défi, toujours épineux, de dire qui l'on n'est pas. En même temps, c'est précisément l'exigence de ce parcours qui justifie la *queerness* : les concepts d'homosexualité et de bisexualité demeurent des catégories du binarisme hétérosexuel, ne serait-ce que parce qu'il leur faut s'affirmer en opposition à celui-ci.

À la méfiance envers la *queerness* d'une partie de la communauté LGBTQIA+ qui ressent encore le besoin vital de se définir par des catégories franches, il faut ajouter la résistance plus radicale des personnes conservatrices. Ces dernières, dans un moment de grande ouverture d'esprit, pourraient aller jusqu'à accepter que les homosexuels, les lesbiennes et les individus en transition se voient accorder des droits semblables aux leurs, mais elles n'admettront pas l'existence de la catégorie de l'ombre du queer, qui est inclassable, mobile, ontologiquement incertaine, fuyante, donc dangereusement hors de contrôle. Le problème est clair : comment se rapporter socialement à quelqu'un·e dont la forme ne correspond pas à celles existantes ? Comment normaliser quelqu'un·e qui refuse le concept même de norme ?

Ces interrogations sont des pistes de recherche pour la sociologie, mais aussi des questions théologiques, car, sorties de leur contexte, elles peuvent s'appliquer au Dieu chrétien, comme être « totalement Autre » par rapport à nous. Bien que je ne partage pas les idées de la théologie apophatique, qui soutient que l'on ne peut dire de Dieu que ce qu'il n'est pas, je crois que la catégorie du totalement Autre (d'abord augustinienne, puis reprise au XXe siècle) peut encore se révéler utile aujourd'hui pour déconstruire les tentatives visant à limiter Dieu à une seule forme et à une seule définition. C'est pourquoi les pages qui suivent se veulent une réflexion sur la foi et le féminisme, abordée selon une perspective queer, c'est-à-dire en évitant de se rapporter à Dieu avec des définitions opposées et excluantes (père/mère, homme/femme ou autres dichotomies telles que personnes blanches/noires, jeunes/vieilles) qui pour certain·es apparaissent insuffisantes ou dépassées. La *queerness* en tant que pratique du seuil convient à un raisonnement sur un Dieu trinitaire qui, en la personne du Christ, a dit aux siens : « Je suis la porte » (Jn 10, 9). Dans ce contexte, il serait assez drôle que moi, féministe croyante, je me présente devant Dieu avec des questions auxquelles même Harry Styles refuse désormais de répondre.

Je crois (ou du moins je crois)

Depuis que j'ai conscience de moi-même, je crois en Jésus-Christ. La foi est culture, pas nature ; il y a donc sûrement eu un temps où je n'étais pas encore croyante, mais dans le piège si articulé qu'est l'éducation d'un être humain en communauté, qui débute à la naissance et ne lâche prise à aucun moment de la croissance, il est difficile d'identifier le moment auquel les choses commencent. J'ai regretté que mes parents n'aient pas attendu que j'atteigne l'âge de raison pour m'éveiller à la foi, car, au fond, je pense que le baptême des nouveau-nés, qui fait abstraction du consentement, est une forme particulière de violence sur mineur. Malgré cet acte contraint – mais quelle éducation en est dépourvue ? –, je ne pense pas pouvoir dire que ma foi précoce dépendait des exemples que je recevais à la maison, car la sensibilité religieuse de mes familles d'origine a toujours été éloignée de la mienne.

J'ai passé une partie importante de mon enfance avec une grand-mère qui vivait la foi populaire des gens simples, priant avec le rosaire et les images des saints, mais qui aurait à peine fait la différence entre une brochure des témoins de Jéhovah et un catéchisme de la Conférence épiscopale italienne. Alors que moi, à huit ans, j'avais déjà compris que je devais immédiatement jeter les exemplaires de la revue que les missionnaires de l'autre religion lui laissaient chaque fois qu'elle leur ouvrait sa porte. Ma mère et ma tante, qui m'ont élevée à tour de rôle à différents moments de ma vie, m'ont transmis des sentiments religieux de nature opposée, et aucun d'entre eux ne correspondait aux miens. Ainsi, j'ai vu ma mère cultiver une foi de doctrine orthodoxe, tandis que son esprit soixante-huitard peinait à accepter l'autorité, y compris celle de l'Église pour laquelle, à quelques exceptions près, elle nourrissait alors, et a conservé, une méfiance radicale. Ma tante, elle, n'avait aucun problème avec la hiérarchie et était une croyante très impliquée dans la vie de la paroisse, une femme qui allait à la messe tous les jours, ministre extraordinaire de la sainte communion et catéchiste pendant quarante ans. Elle avait cependant une méthode dialectique assez expéditive : quand elle n'avait pas de réponses aux questions polémiques que je lui posais adolescente sur la religion, elle feignait une capitulation qui me privait de tout terrain de confrontation, à l'époque comme aujourd'hui : « Peut-être que tu as raison et que je me trompe, mais je préfère me tromper avec l'Église plutôt qu'avoir raison toute seule. » Elle sous-entendait qu'il aurait mieux valu que je fasse de même, car l'excès de spéculation pouvait peut-être me mener à quelque chose de logique, mais certainement pas à quelque chose de saint, ce qui, pour elle, c'était certain, comptait davantage.

Sans hommes

Dans cette généalogie de personnes croyantes qui m'ont donné l'exemple, je me rends compte de l'absence des hommes, des maris, des frères et des amis, mais c'est la réalité des choses : le christianisme catholique, bien qu'il soit, dans sa doctrine, fermement aux mains des hommes, a surtout attiré, dans la pratique paroissiale, des femmes et des enfants. Ce qui en dit déjà long sur le fait que son message présente peut-être davantage de contradictions avec une certaine conception de la masculinité qu'avec le féminisme.

Pourquoi un culte reconnu comme structurellement machiste attire-t-il si peu d'hommes ? Parce que, selon une certaine idée de la virilité, l'homme doit vivre sa foi avec pudeur et réserve, en en ayant presque honte. La masculinité toxique n'admet pas que l'on manifeste trop ouvertement des gestes inspirés par la miséricorde, la douceur de caractère, le soin et la volonté de pardon, qu'elle considère comme une mollesse de cœur féminine. Le christianisme, avec son Jésus mort cloué sur la croix ou avec son cœur exposé ruisselant de sang, n'est pas une religion pour mâles alpha. Mon enfance et ma préadolescence sont un souvenir continu d'enterrements : à l'intérieur de l'église, les femmes étaient gagnées par l'émotion pendant le requiem, tandis qu'à l'extérieur, les hommes fumaient, impassibles, en attendant la sortie du cercueil – gare à celui qui aurait versé une larme ! J'ai toujours vu des femmes gérer l'organisation pratique des paroisses. La formation aux sacrements et le catéchisme étaient assurés par des femmes, dans un rôle calqué sur celui des maîtresses d'école. Et c'est encore elles qui faisaient le ménage dans l'église et participaient aux activités de dévotion quotidienne sans prestige public, comme le rosaire, la contemplation ou l'adoration. Les rares hommes non consacrés que je revois occuper une fonction dans l'organigramme paroissial commandaient toujours quelque chose : ils dirigeaient la chorale ou le groupe liturgique et étaient présidents d'associations, de mouvements, de confréries et de comités de fêtes patronales, cumulant souvent les responsabilités. Bien que les activités à l'ombre du clocher fussent, de manière hypocrite, présentées comme des « services », il n'était pas nécessaire d'avoir été formée dans un collectif des années 1970 pour comprendre que le service des femmes impliquait l'obéissance, tandis que celui des hommes s'exprimait par le commandement, avec ou sans soutane pour en asseoir le pouvoir.

Lorsque j'ai commencé à enquêter sur cette différence, assez tôt je crois, on m'a dit que je ne me posais pas la bonne question : ce qui comptait, c'était que, dans l'Église, il y ait une place pour tous, hommes et femmes, et qu'il n'y avait pas grand chose d'autre à comprendre. Se demander pourquoi le Père dans les cieux intéressait si peu les pères sur la terre suscitait toujours la même réaction : une invitation à renoncer à cette question.

Rendre raison

Pourtant, il est impossible, me disais-je, que Dieu m'ait donné un cerveau pour que je n'en fasse pas usage. Si la foi ne répond pas aux questions qui me tourmentent, comment puis-je faire d'elle le gouvernail de ma vie ? À cette époque, je ne lisais pas encore la Bible, sinon j'aurais sûrement trouvé éclairante la Première lettre de Pierre, où brille comme une veine d'or le verset suivant : « Soyez prêts à tout moment à présenter une défense devant quiconque vous demande de rendre raison de l'espérance qui est en vous » (1Pi 3, 15). Ce « présenter une défense devant quiconque vous demande de rendre raison », que l'on dit écrit par un ancien pêcheur de Galilée qui, au début de son apostolat, ne s'était certainement pas distingué comme un penseur complexe, me semble encore aujourd'hui magnifique. Il m'indique que la personne croyante n'est pas un sujet illogique qui subit l'expérience de la foi sur un plan émotionnel ou instinctif, mais quelqu'un·e capable d'expliquer ses motivations spirituelles et qui doit même être constamment prêt·e à le faire. D'ailleurs, si la foi chrétienne n'était pas une foi dont on peut rendre raison, qu'est-ce qui la distinguerait des théories du complot de QAnon, des reptiliens ou des platistes, qui continueraient à nier la sphéricité de la Terre même si l'astronaute Samantha Cristoforetti amenait en orbite tous·tes ces conspirationnistes pour la constater ?

C'est un bel exercice intellectuel que de devoir rendre raison de son espérance, mais il ne devient exercice spirituel que s'il est fait aussi bien dans la foi que dans l'espérance. L'espérance sans la foi ne définit pas les croyant·es, mais les optimistes. L'optimisme, comme certitude du succès futur de ses entreprises, est un sentiment pour lequel j'ai toujours éprouvé du respect, car il améliore la qualité ressentie de l'existence, du moins jusqu'à ce que les statistiques viennent démentir cette assurance béate.

Mais l'espérance vécue dans la foi n'est pas la simple confiance dans la réussite future de ce que nous accomplissons. C'est plutôt la certitude que faire certaines choses a un sens, indépendamment de leur issue. Quant à la foi sans espérance, si elle est certainement moins naïve que le pur optimisme, elle a le visage desséché du traditionalisme et se présente ainsi comme le difficile entretien d'habitudes anciennes.

Le christianisme sans le Christ

Il est utile à ce stade d'introduire une distinction entre deux catégories, celle des personnes chrétiennes et celle des personnes christianisées, deux groupes différents, bien que le second tente de faire croire le contraire. La christianisation est un processus plus culturel que spirituel. Elle concerne les personnes qui ont grandi dans le cadre religieux de leur naissance, sans jamais y adhérer complètement, mais sans pour autant prendre leurs distances. Benedetto Croce a consacré un célèbre essai (*Pourquoi nous ne pouvons pas ne pas nous dire « chrétiens »*, 1942) au succès du christianisme comme force culturelle et moteur historique, opposant ses valeurs à ce qu'il définissait comme la « violence barbare de la horde ».

Croce reconnaissait que la véritable victoire du christianisme n'était pas d'avoir convaincu tout le monde de son message spirituel, fait absolument faux à l'époque comme aujourd'hui, mais d'avoir su sevrer et maintenir dans son berceau même les personnes qui ne croyaient pas du tout à l'existence d'un dieu, mais qui, par paresse intellectuelle, commodité ou peur du changement, en avaient néanmoins embrassé la pratique, contribuant ainsi à sa révolution. Aussi nonchalante que puisse être cette attitude, il n'y a rien de mal à agir ainsi. On peut choisir de considérer son culte traditionnel comme une éthique qui convient à tous·tes, indépendamment des convictions spirituelles, mais l'important est de se rappeler que la foi est autre chose. La différence entre la vie chrétienne et la vie christianisée est que la première a un credo, c'est-à-dire une orthodoxie, alors que la seconde a un code de conduite, c'est-à-dire une orthopraxie. Il existe des religions structurellement orthopratiques, mais le christianisme, parce qu'il fait intervenir les pensées, les mots et même les omissions dans le discernement spirituel, n'en fait pas partie. Quiconque choisit la christianisation sans le christianisme déclare, au contraire, que ce qui motive les choix compte peu ou, en tout cas, moins que les choix eux-mêmes.

Cette foi sans Dieu, dont Blaise Pascal est un peu responsable avec son invitation à se comporter comme si Dieu était, a fini par causer d'énormes dégâts, même dans la pratique strictement chrétienne. Le christianisme en tant qu'option uniquement culturelle a créé une armée d'athées dévot·es impitoyables qui pratiquent plus volontiers la morale des autres que la leur. Ces personnes ne croient pas au pardon de Dieu ; vous ne les croiserez donc jamais dans un confessionnal pour un examen de conscience, mais vous pourriez les voir empiler des bouteilles d'eau au chevet de personnes dans le coma dont la famille demande depuis des années à l'État la fin de l'acharnement thérapeutique. Ils ne croient pas en l'immortalité de l'âme, mais ils font le pied de grue devant les rares hôpitaux sans objecteurs pour insulter les femmes qui choisissent de ne pas devenir mères. Ils n'ont pas reçu le baptême, mais ils revendiqueront farouchement les racines chrétiennes de l'Europe chaque fois que la possibilité d'une société multireligieuse poindra à l'horizon. Vous les verrez distribuer des santons dans les écoles, mais ne vous étonnez pas que ce soient les mêmes voix qui réclament la fermeture des frontières et le naufrage des bateaux de migrants. Celles et ceux qui pratiquent l'activisme féministe et queer au sein de l'Église catholique se heurteront continuellement au phénomène des christianisé·es non chrétien·nes, dont la principale activité religieuse consiste à sacraliser une boîte dont aucun·e ne veut le contenu. D'où ces questions : Quel est donc le contenu de la foi chrétienne ? De quoi doit-on toujours être prêt·e à rendre raison ?

Croire, c'est partir de soi-même

La réplique restant toujours subjective, le *Credo* est l'un des instruments les plus remarquables dont nous disposons pour parler de ce qu'on appelle le « dépôt de la foi », en plus d'être le plus ancien (sa formulation originelle remonte à 325 après J.-C.). Son principal intérêt réside déjà dans son premier mot : le *Credo* catholique part d'une action accomplie par une conscience individuelle et fait appel à ses convictions les plus profondes. Autrement dit, la foi n'existe que s'il y a au moins une personne croyante pour la revendiquer comme une affaire personnelle. Cela vaut aussi pour d'autres réalités intimes, telles que l'amour et la haine, la nostalgie, la jalousie, la peur, et en général pour tout sentiment profond, que nous nommons cependant par habitude culturelle comme s'il s'agissait d'entités en soi dont nous serions les victimes, mais jamais les artisan·es.

Il arrive que l'on parle de ces états d'âme au sens figuré, comme s'ils avaient des personnalités distinctes des nôtres. Nous avons beaucoup de phrases toutes faites sur nos émotions. La peur nous tenaille. La haine nous aveugle. La jalousie nous dévore. La nostalgie nous assaille. Décrire les mouvements de l'âme comme des réalités abstraites nous fournit un excellent prétexte pour ne pas nous sentir acteurs de nos propres sentiments. Si ces derniers se trouvent quelque part ailleurs, nous ne sommes pas responsables de leur présence quand ils nous frappent ; ils sont semblables à des événements atmosphériques et leurs conséquences échappent à notre contrôle. Mais c'est faux. La peur n'existe pas sans quelque chose à craindre et quelqu'un·e pour craindre. La haine ne plane pas au-dessus de nos têtes comme un nuage noir prêt à s'abattre sur nous : pour la voir, il faut quelqu'un·e pour l'éprouver. La nostalgie n'existe pas sans quelque chose pour nous manquer et sans notre souvenir pour en mesurer l'absence. L'idée que l'amour est le fruit du caprice invisible d'un Cupidon aveugle est une image fataliste et immature : elle exclut l'amour comme choix, car elle décrit l'être humain comme une créature submergée par une force mystérieuse contre laquelle elle ne peut rien. Déclarer, au contraire, que l'appartenance à la foi commence par une action consciente, revendiquée à voix haute et devant témoins, nous extirpe de toute passivité et fait de ce choix religieux un geste de responsabilité directe. Dire « je crois » à la première personne est un acte assez semblable à la pratique que le féminisme italien appelle « partir de soi-même ». Partir de soi-même, c'est tenter de penser les choses – dans le cas présent, Dieu – en se basant non pas sur une représentation, mais sur une relation vécue personnellement et rendue explicite. Partir de soi-même répond aux interrogations : « Où suis-je par rapport à ce dont je parle ? » ; « Qu'est-ce que je désire vraiment ? » ; « Qu'est-ce qui m'importe dans cette affaire ? ».

Des questions inadaptées

Dans la pratique du catéchisme catholique, ces questions ne sont pas habituelles. Quand j'étais petite et que je participais à la formation aux sacrements, ce qu'on me faisait apprendre ne me concernait pas. Le catéchisme que j'étudiais était fondé sur un système de questions-réponses qui ne ressemblaient pas aux miennes. « Qui est Dieu ? » me demandait, sévère, saint Pie X sur la couverture du manuel, et je devais apprendre à répondre : « Dieu est l'Être infiniment parfait, Créateur et Seigneur du ciel et de la terre. » Les brefs examens qu'on me faisait passer de temps en temps et qui devaient me permettre, selon les bonnes intentions de ma catéchiste Giovanníca, d'arriver préparée aux sacrements (comme si l'on pouvait être préparé·e à des énormités logiques comme l'eucharistie) prévoyaient que le prêtre me pose la question et que je réponde comme un mouton. Mais ces phrases n'avaient aucun sens pour moi. Comment aurais-je pu me demander à dix ans qui était Dieu si je n'étais déjà pas capable de me demander qui j'étais moi-même ? Et qu'aurait bien pu signifier dans ma vie de petite fille l'idée d'un « Être infiniment parfait », qui faisait de Dieu l'exact opposé de celle que j'étais ? Il m'était impossible d'aimer ou de me sentir aimée par un dieu que je ne définissais que comme la négation de ce que j'étais. Et comment Dieu pouvait-il être mon opposé s'il était écrit dans la Bible que l'humanité avait été créée à son image ? Dieu avait choisi, pour se manifester, un corps humain, celui de Jésus-Christ ; il ne pouvait donc pas être mon antithèse, ou du moins pas complètement. Existait-il, en somme, la possibilité d'une rencontre, de comprendre et de me sentir comprise, ou fallait-il que je me contente de penser à Dieu comme à la bonne réponse à une question qui ne serait jamais mienne ? Lorsque, en revanche, je récitais le *Credo*, par la simple utilisation du verbe « croire », je cessais de considérer Dieu comme une notion abstraite et je commençais à le voir comme une expérience personnelle, qui n'avait aucune valeur en soi si elle n'en avait pas d'abord en moi. Bien que le *Credo* soit le même pour chacun·e d'entre nous, il n'y a pas, en effet, deux personnes qui croient de la même manière, car la rencontre avec la foi est une expérience relationnelle, nécessairement différente dans la vie de chacun·e.

Malgré cette dimension subjective et très personnelle, le christianisme a toujours été aussi une affaire communautaire. Derrière ce « je crois », il y a un « nous croyons », que les premiers chrétiens prononçaient même ainsi, au pluriel, à ses débuts. J'ai mieux compris le besoin de penser au pluriel lorsque j'ai découvert que le *Credo* avait également un autre nom, d'usage moins courant, le *Symbole.* Quiconque a fréquenté une paroisse dans les années 1980-1990 se souviendra certainement du célèbre chant *Symbolum 77* du théologien et compositeur Pierangelo Sequeri, connu comme *Tu sei la mia vita*, une sorte d'actualisation de la profession de foi traditionnelle, appelée justement « Symbole ».

L'étymologie grecque de « symbole » évoque l'acte de mettre ensemble. Le mot désignait un objet, une plaque en terre cuite ou en bois, partagé entre plusieurs personnes en signe d'alliance. Il était généralement utilisé par des groupes tribaux opposés dont les membres ne se connaissaient pas, mais qui pouvaient se reconnaître comme amis en faisant correspondre leurs morceaux respectifs. Il est fascinant que la foi puisse être également représentée par ce mot : il s'agit de quelque chose de brisé, ou, mieux encore, de partagé, de fragments qui, pour reconquérir leur entièreté, doivent être associés à d'autres. C'est pourquoi le fait qu'un des adjectifs les plus utilisés pour faire l'éloge de la foi soit « inébranlable » m'a toujours fait sourire. Il n'y a rien d'inébranlable dans l'idée de symbole ; au contraire, elle sous-entend une intégrité dispersée qu'il faut inévitablement chercher dans le cœur le plus secret de l'autre.

Le *Credo* n'est pas une prière, mais un manifeste : on ne le récite pas pour le Dieu omniscient, qui, par définition, le connaît déjà, mais afin que les croyant·es puissent nous reconnaître et se reconnaître. Cette possibilité étonnante de se représenter en mille morceaux devrait, à elle seule, suffire pour affirmer que croire seul·e dans le christianisme n'est pas suffisant. Si toutefois des doutes subsistaient, Jésus lui-même rappelle à ses disciples que pour compter le nombre de personnes nécessaires pour parler de foi on ne part pas du chiffre un : « En effet, quand deux ou trois sont réunis en mon nom, je suis là, au milieu d'eux » (Mt 18, 20). Ce passage est le deuxième point de rencontre fondamental avec la perspective féministe, qui est une pratique relationnelle et qui ne se réalise pleinement qu'en devenant collective. Pour être féministe, comme pour être catholique, il faut être au moins deux, car tant le féminisme que le catholicisme sont des pratiques subjectives aux conséquences communautaires qui ne sont pas destinées à s'accomplir individuellement. Lorsque quelqu'un·e me confie croire en Jésus-Christ, je sais que j'ai en face de moi une personne qui possède quelque chose de mystérieux, mais de brisé, quelqu'un·e qui, comme moi, nourrit l'espoir que le rassemblement et la plénitude sont encore possibles.

Père

J'ai souvent des réminiscences surréalistes des messes auxquelles j'assistais enfant, jamais tout à fait vraisemblables, entre la comédie musicale et le film de fantasy. Ce qui se produisait pendant les liturgies excitait énormément mon imagination et il suffisait d'un geste, d'un mot sur lequel je n'avais pas encore focalisé mon attention, pour ouvrir la porte du pays des merveilles qu'était pour moi le lieu de Dieu. Lorsque, des bancs de l'église dédiée à sainte Marie de l'Assomption, s'élevait le *Notre Père*, souvent dans sa version chantée, c'était comme si un projecteur s'allumait en même temps au-dessus de tous les pères présents dans l'église et leur disait : Dieu est comme vous.

En réalité, il n'y en avait pas beaucoup, des pères. Aux mères, bien qu'elles fussent plus nombreuses et assidues dans leur pratique personnelle de la religion et dans celle de leur progéniture, on faisait comprendre, entre les lignes, qu'elles n'avaient pas d'équivalent dans les cieux, mais aucune d'entre elles ne semblait trouver cela problématique. Pour moi, en revanche, ça l'était, et je pense pouvoir dire aujourd'hui que ça l'était pour tout·e enfant élevé·e dans des familles où la peur de Dieu coïncidait avec la peur du père. Voilà pourquoi, si l'on me demandait de quelle prière du vaste patrimoine chrétien je pourrais me passer, je n'hésiterais pas à répondre que je renoncerais volontiers au *Notre Père*. Pour le féminisme et pour quiconque adopte une perspective queer, la définition de Dieu comme unique et père tout-puissant est le point le plus dérangeant du *Credo*. Il n'empêche qu'il est aussi le plus divertissant, au sens étymologique du terme, car il offre les plus grandes possibilités de déplacer son regard vers des directions inattendues.

Le mot « père » est un piège sémantique visqueux, car il s'entrelace avec l'expérience de chacun·e d'entre nous. Nous avons tous·tes eu un père, même celles et ceux qui n'en ont pas eu et qui ont dû gérer symboliquement ce vide. Cette banalité commune entraîne un préjugé inéluctable envers le Dieu chrétien, car l'expérience pratique des parentalités masculines humaines est trop concrète et connotante pour ne pas en projeter le reflet déformé sur un Dieu qui se fait appeler par le même titre que celui qui nous a mis au monde. Le malentendu, malheureusement, naît de la manière dont l'Église a décidé de faire correspondre l'essence de Dieu avec un type très précis de père : le vieux patriarche. Mais est-ce vraiment cela, le Père de la Trinité ?

Mes souvenirs d'enfance sont constellés de figures religieuses, mais peu de choses dans l'iconographie populaire chrétienne ne m'effrayaient plus que l'image traditionnelle de la Trinité. L'inquiétude qu'elle faisait naître en moi n'avait de comparable que celle provoquée par les images pieuses des jeunes martyres Lucie et Agathe, qui portaient dans des plats, en souriant de façon insensée, leurs organes mutilés. Disposées en une pyramide évoquant une hiérarchie, les personnes divines du Père, du Fils et du Saint-Esprit étaient certes des sujets moins sanglants que les saintes suppliciées, mais elles donnaient vie sous mes yeux à un tableau dérangeant, composé d'un vieil homme barbu et sévère incarnant le Père, d'un jeune homme caucasien triste représentant le Fils et d'une colombe en vol rayonnante supposée suggérer l'identité éthérée de l'Esprit saint. Il n'y a pas besoin d'être féministe pour sentir que quelque chose ne va pas dans cette représentation du divin à travers deux hommes et un oiseau. Dans ces images, utiles surtout au culte personnel et aux dévotions paraliturgiques de la piété populaire, le problème n'est pas seulement l'absence de l'élément féminin, ce qui serait déjà assez grave pour un Dieu qui se déclare universel, mais aussi la manière dont le masculin présent dans la triade divine était et est encore aujourd'hui proposé à l'adoration. Les deux figures masculines sont, en effet, nommées d'après leur rôle, dans un rapport de relations familiales – père et fils – qui souligne l'absence symbolique du maternel et rend difficilement compréhensible la façon dont l'Esprit saint, Personne égale et distincte des deux autres selon le *Credo*, peut s'insérer dans le lien « parental ». Enfant, je me cassais la tête à essayer de comprendre comment ce père et ce fils pouvaient avoir une relation d'égal à égal avec la colombe et, pendant des années, même adulte, je n'y suis pas parvenue. « Ce sont des projections symboliques, il ne faut pas les prendre au pied de la lettre », me dira avec supériorité celui ou celle qui a passé, dans sa vie, plus de temps à étudier qu'à prier. Pour ces personnes, il est sûrement évident que la colombe n'est pas la véritable forme de l'Esprit, tout comme le vieillard n'est pas celle du Père, mais, bien qu'intellectuellement fondée, cette remarque est faible sur le plan pratique.

L'iconographie chrétienne catholique est née précisément pour éviter d'avoir à expliquer la théologie aux gens simples et pour leur offrir un objet de prière qui serait à la portée de toute foi, même la plus analphabète. Pendant des siècles, les fresques et les mosaïques à sujet religieux ont été la seule bible du peuple. Il est donc peu sensé de soutenir qu'il faut les interpréter comme des concepts abstraits parce que nous ne sommes plus analphabètes. Si elles nécessitent une explication, alors les images étaient insatisfaisantes dès le début ou ne sont plus adaptées à notre époque.

La deuxième hypothèse est assurément vraie. Il est indéniable que de nos jours, quand nous regardons la Trinité ainsi représentée, nous voyons quelque chose que nos sensibilités contemporaines ne peuvent accepter sans objection et qui est donc destiné à être mal compris. Les avancées culturelles et la remise en question du patriarcat ont rendu cette représentation trop problématique. La théologie féministe a apporté au débat de nouvelles études et des points de vue qui ne peuvent être laissés de côté en continuant à imposer systématiquement le masculin au Dieu des cieux, avec le statut de divinité qui en découle sur terre pour les hommes. La symbolique du vieux sage à tête blanche n'est plus seule pour parler de Dieu aux chrétiens et aux chrétiennes d'aujourd'hui, chez qui une telle image suscite plus de malaise que de dévotion. Le problème, cependant, est que la première objection reste vraie, elle aussi : la représentation de Dieu au masculin a toujours été une erreur conceptuelle, elle l'était déjà il y a deux cents ans. Les avoir maintenues sous les yeux des croyant·es pendant des siècles les a sacralisées et a provoqué une erreur spirituelle de portée monumentale.

Si la vérité du mystère trinitaire était vraiment résumée dans cette image, toute personne animée par un minimum de désir de justice, féministe ou non, devrait non seulement abandonner le christianisme sans un regard en arrière, mais même se promener avec une pioche et une bombe de peinture, prête à profaner avec une fureur iconoclaste cette représentation de Dieu qui est plate, abrutissante et intrinsèquement violente.

Pourquoi cette image est-elle une erreur ? D'abord parce qu'il s'agit d'une image de Dieu, c'est-à-dire de quelqu'un·e de tellement inapprochable que sa représentation est impossible. Les partisans de l'iconoclasme avaient en partie raison à ce sujet, car toute tentative de reproduire la grandeur divine ne peut que réduire cette dernière et, finalement, la nier. L'homme n'ayant jamais vu la forme de Dieu, la seule qu'il puisse lui donner est la sienne, et c'est malheureusement ce qu'il a fait. Si les fourmis avaient une foi, leur dieu serait sûrement une Grande Fourmi, version magnifiée du pouvoir de toute la fourmilière.

Par analogie, le fait que la représentation de Dieu imaginée par les hommes d'Église soit un vieil homme blanc en dit certainement beaucoup plus sur ces hommes que sur Dieu. On peut sourire (jusqu'à un certain point) d'avoir entendu pendant des années que le mystère de la Trinité était si indicible et complexe pour notre pauvre esprit humain que tout discours sur sa réalité était inutile, pour se retrouver face à une représentation du Père si banale (entre Gandalf et Dumbledore) qu'elle paraît grotesque même dans le tableau de dévotion le plus mièvre.

Dans une perspective féministe, cette iconographie poserait problème s'il s'agissait de visualiser la réalité, mais il est essentiel de rappeler que ce n'est pas le cas. L'Évangile et les Écritures saintes qui l'ont précédé ne commettent jamais l'erreur, contrairement aux fresque des églises, de nous la présenter comme telle, même métaphoriquement. Dans la Bible, il arrive que l'on rencontre Dieu sous de nombreuses formes. Il y est raconté comme une voix provenant d'un buisson ardent, comme un murmure se manifestant lors d'une brise soudaine dans le désert, comme un aigle portant ses petits sur ses ailes pour leur apprendre à voler, une ourse protégeant les siens avec fureur, une femme au foyer fouillant chaque recoin de sa maison pour retrouver une pièce de monnaie égarée, ou un fiancé déçu conduisant sa belle infidèle sur les lieux de leur premier amour pour raviver la flamme. Mais il serait vain d'y chercher un Dieu patriarche âgé : il n'y en a pas. Le seul cas qui s'en rapprocherait se trouve dans l'Évangile, dans la célèbre parabole de l'Enfant prodigue ou du père miséricordieux, où Jésus propose un modèle de paternité insolite, ni jugeant ni sévère, que nous qualifierions aujourd'hui de « non toxique ». Ce modèle a à tel point déconcerté pendant des siècles que même Rembrandt, en 1600, devant peindre le sujet du père accueillant son fils dans une étreinte de pardon, le représente avec deux mains différentes, l'une masculine et robuste, l'autre féminine, fine et délicate, pour indiquer que la miséricorde « indulgente » est une attitude plus féminine que masculine, et que ce personnage ne doit pas être vu comme un père au sens classique du terme, mais plutôt comme ce que l'on pourrait appeler un « père-maman », en ce qu'il assumerait le rôle traditionnellement attribué aux mères.

Aucune autre page biblique ne cède à la tentation didactique de représenter Dieu sous la forme d'un père. Au contraire, dans l'Évangile selon saint Jean, on trouve un épisode très clair qui suggère que la question est au fond déjà réglée. Face à l'apôtre Philippe, qui insiste pour voir le Père, Jésus répond de manière tranchante, un peu déçu même : « Il y a si longtemps que je suis avec vous, et tu ne me connais pas, Philippe ! Celui qui m'a vu a vu le Père. Comment peux-tu dire : "Montre-nous le Père" ? Tu ne crois donc pas que je suis dans le Père et que le Père est en moi ! » (Jn 14, 9-10). Une déclaration aussi explicite porte à penser qu'imaginer le Père – ou pire encore, en proposer des images pieuses – est un acte bien téméraire. Pourtant, on le fait tous les jours depuis des siècles, et il ne s'agit pas du seul cas où l'Église a décidé selon son arbitraire de ce qui devait être pris à la lettre ou non dans la parole du Christ.

Le terme même de « père » est un bon exemple de cette pratique herméneutique éparpillée. Bien que Jésus ait dit : « Ne donnez à personne sur terre le nom de père, car vous n'avez qu'un seul Père, celui qui est aux cieux » (Mt 23, 9), qui d'entre nous n'a jamais eu l'idée de cesser d'appeler « père » son propre géniteur ? Si l'intention de Jésus était de séparer les relations affectives des relations de pouvoir, dont l'union constitue la base du familialisme amoral, cela n'a pas marché. Bien au contraire, le terme « père » a proliféré outre mesure au cours du développement séculier de la hiérarchie ecclésiale, des rangs les plus simples de la vie de couvent au sommet du trône de Pierre, où le *primus inter pares* parmi les évêques, qui exerce sur eux et sur des millions de fidèles une parentalité spirituelle, est appelé sans aucun problème « Saint Père ».

Sous ces strates de paternité, il est difficile de se rappeler que lorsque l'on dit : « Je crois en un seul Dieu, le Père tout-puissant », cela ne veut pas dire : « Je crois que Dieu est un vieillard assis sur un nuage, dont l'extension terrestre est un vieillard vêtu de blanc assis au Vatican, dont le prolongement au sein de l'Église est l'abbé à la tête de chaque couvent et le prêtre, de chaque paroisse, et dont la transposition laïque en miroir est l'homme assis en bout de table dans la maison où j'ai grandi. » Aucun·e féministe ne peut accepter de croire en

Dieu si cela signifie soutenir cette *matriochka* au masculin, cette *patriochka*, l'infinie concaténation du pouvoir des pères qui est la définition du patriarcat contre lequel nous luttons.

Mais qu'entend-on alors par « Père » dans le *Credo* ? Et que penser du fait que tout le patriarcat ecclésial s'exprime de cette façon, prétendant tirer son origine de la nature divine ? La réponse, ou ce qui s'en approche le plus, est restée en suspens pendant de nombreuses années, au cours desquelles mon intérêt s'est progressivement déplacé vers les adjectifs qui encadrent le mot « Père » dans le *Credo*, et qui restent pour moi la véritable clé de compréhension du malaise que continue de susciter le titre parental appliqué à Dieu.

Tout-puissant

Le concept de père dans le *Credo* ne serait peut-être pas aussi problématique s'il n'était pas suivi de l'adjectif « tout-puissant ». Quelle que soit la manière dont on aborde ce dernier, des points critiques apparaissent. Le préfixe « tout », qui transpire une arrogance écrasante, souligne encore plus la faiblesse humaine en l'exposant jusqu'à l'os. S'il est nécessaire de préciser que Dieu peut tout, c'est parce que nous avons besoin d'entendre que ce « tout » comprend ce que nous, nous ne pouvons pas faire. Après tout, n'est-ce pas pour cela que la majorité des croyant·es se tournent vers le ciel ? Avec l'espoir que Dieu se charge de ce que leurs vies ont d'irrésolu ? Contrôles à l'école, examens à l'université, compétitions sportives, entretiens d'embauche, diagnostics médicaux, amours que l'on souhaiterait réciproques, tirage au loto, tout ce qui échappe à notre contrôle relève de plein droit de sa juridiction. « Nous sommes entre les mains de Dieu », disait ma grand-mère avec fatalisme face à l'incertitude, non sans s'être assurée au préalable d'avoir fait tout ce qui était en son pouvoir. Certaines choses, cependant, échappaient totalement à son contrôle, et sur ces choses, le Dieu qui vit dans la tête de chacun·e d'entre nous joue sa crédibilité tout entière.

Une des questions les plus redoutées par les catéchistes, toutes paroisses confondues, est liée au concept de toute-puissance : que répondre à une petite fille qui demande pourquoi le mal existe si Dieu peut tout ? À un petit garçon qui demande pourquoi Dieu permet que des enfants tombent malades et meurent ? Pourquoi ne met-il pas fin aux catastrophes naturelles ? Comment se justifie-t-il devant les horribles génocides de l'histoire ? Pourquoi ne déploie-t-il pas cette immense puissance pour faire du monde un lieu meilleur, ici et maintenant, sans attendre la fin des temps ?

Le concept de toute-puissance est performatif, car il suscite une attente, celle que le pouvoir soit exercé comme promis : sur tout et tout le temps. Il ne faut pas beaucoup d'imagination pour comprendre que si Dieu gouvernait l'univers comme un jouet habité par des êtres dépossédés de toute responsabilité, et qu'il intervenait à tout bout de champ, nous n'aurions peut-être pas besoin d'imaginer un autre enfer. Le pouvoir exercé sans considération pour la liberté individuelle n'est pas puissance, mais domination. Et le fait qu'autant de personnes croyantes espèrent en un Dieu qui agisse au-dessus de leur volonté est tristement révélateur de notre conception du potentat humain, selon laquelle tôt ou tard doit émerger l'« homme fort » qui saurait remettre les choses en ordre. En ce qui concerne Dieu, le fait que ce déploiement de force depuis le ciel n'ait heureusement pas lieu génère chez la plupart des gens un découragement infantile, qui finit par miner leur confiance en Lui. Dans un monde de croyant·es spirituellement mineur·es, un père qui prétend être tout-puissant, mais qui ne se manifeste pas pour répondre aux attentes de ses enfants, apparaît comme une entité cruelle et froide qui observe d'en haut et sans intérêt ce qui peut nous arriver, nos souffrances et nos espérances. Il se peut que, comme à la loterie, quelqu'un·e soit remarqué·e et voie ses demandes exaucées, mais la probabilité que cela se produise est aléatoire. Le cas échéant, cela non seulement n'apaise pas la déception, mais augmente le sentiment d'injustice et d'abandon, et on en vient à penser que, finalement, il est moins douloureux de croire au hasard auquel aucune faute ne peut être attribuée.

Ce qui pose un problème dans cette idée de toute-puissance, c'est que, pour les mouvements féministes, ce modèle de pouvoir est constitutif du patriarcat. C'est une domination par la force qui se présente sous une forme hiérarchique, offre reconnaissance et protection selon son bon vouloir et produit ainsi faiblesse, marginalisation et exclusion. La toute-puissance dans les cieux est le miroir de la puissance terrestre telle que l'entendent les structures qui nous ont opprimé·es et nous oppriment encore. C'est un pouvoir masculin dans la mesure où ce sont les hommes qui l'ont pensé en ces termes et l'ont exercé pendant des siècles. Qu'aujourd'hui des femmes ayant atteint une position élevée puissent également l'exercer n'en modifie pas la nature : il demeure un pouvoir patriarcal, qui exige que l'on ne puisse être fort·e qu'en rendant quelqu'un·e d'autre faible. Dans notre langue, le terme même de « puissant » est genré : ce sont les hommes qui l'utilisent pour définir leurs capacités sexuelles. Or, si nous n'utilisons pas les concepts de puissance et d'impuissance pour indiquer la fonctionnalité des organes génitaux féminins, alors que nous le faisons pour les organes masculins, c'est qu'il y a une raison : l'attente de performance. Le langage sous-entend que le pouvoir n'existe que s'il est utilisé et utilisé de cette façon précise.

Dans le film *La Liste de Schindler*, il y a un dialogue important sur le pouvoir entre Oskar Schindler et l'officier nazi Amon Göht, chef du camp de concentration qui, depuis sa fenêtre, tire au hasard sur les prisonniers comme s'il s'agissait de gibier. Alors qu'il boit, assis, un digestif au beau milieu de la nuit, Göht remarque avec admiration et méfiance que Schindler ne s'enivre jamais. « C'est… un vrai contrôle de soi. Le contrôle est le pouvoir. Ça, c'est le pouvoir », dit-il. « Et c'est pour ça qu'ils nous craignent », répond Schindler. Mais Göht n'est pas philosophe, sa conception de la domination est brutale : « Ouais, nous avons ce foutu pouvoir de tuer, c'est pour ça qu'ils nous craignent. » « Non, le contredit Schindler, ils nous craignent parce que nous avons le pouvoir de tuer arbitrairement. Un homme commet un crime, il n'aurait pas dû, nous le faisons tuer, et après ça, nous nous sentons bien. Ou nous le tuons nous-mêmes, et nous nous sentons encore mieux. Ce n'est pas le pouvoir pourtant, c'est la justice. C'est différent du pouvoir. Le pouvoir, c'est lorsqu'on a toutes les raisons de tuer, et qu'on ne le fait pas. » « Vous croyez que c'est le pouvoir ? » « C'est celui qu'avaient les empereurs. Un homme qui a commis un vol est emmené devant l'empereur, il se jette aux pieds du monarque pour implorer sa pitié. Il sait qu'il va mourir. Et l'empereur pardonne à cet homme. Ce rebut de l'humanité, il le libère. » « Je crois que vous êtes ivre. » « C'est le pouvoir, Amon, c'est ça, le pouvoir. » Schindler sait qu'il a face à lui un assassin incapable d'empathie, quelqu'un qui ne reconnaît que les hiérarchies fondées sur la peur. Il lui parle du pouvoir en employant des catégories qu'il peut comprendre, dans l'espoir, peut-être, de sauver des vies dans les jours qui suivront. La ruse logique de Schindler sera de courte durée, et le nazi reprendra vite ses tirs fous, car, dans le camp, il incarne un type très précis de toute-puissance : celle qui fait croire que l'on ne gouverne vraiment que ce qu'on peut détruire.

J'ai cessé d'avoir besoin d'un Dieu qui exprime un tel pouvoir de toute-puissance – eussé-je jamais eu besoin – à dix-sept ans. En tant que jeune et en tant que femme, j'étais soumise au double pouvoir des adultes et des hommes, qui auraient voulu que je reste à jamais enfant et dépendante, incapable de prendre de bonnes décisions, irresponsable des conséquences et donc, à juste titre, contrôlable. Ce n'était pas moi qui étais particulièrement malchanceuse : mes amies vivaient la même chose. Nos relations étaient surveillées, et tout choix, fait selon des critères qui ne valaient que pour nous, les femmes : si nous avions eu un petit boulot, nous n'aurions pas géré l'argent gagné, exactement comme nos mères qui travaillaient et qui, parce qu'elles étaient sous tutelle du mari, n'avaient pas de compte bancaire à leur nom, et nous jouissions moins que jamais de la liberté de mouvement de nos frères. Mon cadre de vie tout entier ne faisait que me répéter que j'étais et que je resterais d'une certaine façon impuissante, une créature fragile pour laquelle d'autres choisiraient, et que plus tôt je leur aurais confié ma personne, mieux je vivrais. Le machisme bienveillant dont j'étais entourée renforçait continûment le sous-entendu de ma prétendue impuissance, en insinuant gentiment qu'en tant que femme, j'avais besoin d'un homme pour m'ouvrir la portière ou déplacer une chaise, payer à ma place ou m'offrir une protection paternaliste qui rendait mon courage superflu. J'éprouvais une forte rage envers ce contexte et présageais les effets que cela aurait sur ma vie si je continuais de le subir sans m'y opposer. Seulement, je disposais alors de peu d'outils de réseau et d'aucune sororité pour soutenir mon opposition. L'Internet de masse n'existait pas encore, je vivais dans un petit village d'une petite province et n'avais aucun moyen d'accéder à la réflexion féministe et antiraciste qui, à l'autre bout du monde, avait déjà introduit le concept détonant d'*empowerment* – l'idée de s'attribuer le pouvoir au lieu de le demander – qui me serait d'une grande aide à vingt ans. Il y avait une bibliothèque, bien sûr, mais je n'aurais pas su quoi chercher. Et pourtant, je sentais qu'il devait y avoir une autre façon d'être au monde que celle de jouer le rôle du sexe faible.

Même dans mon rapport avec Dieu, je n'arrivais pas à m'imaginer comme une croyante éternellement dépendante de l'exaucement de ses prières. Je voulais être forte, autonome, libre et responsable de mes décisions, et dans cette optique, il m'était difficile de trouver une place pour un Dieu qui me voulait fragile et confuse, en demande d'un guide ou d'un tuteur. Aucune des jeunes filles que je connaissais n'avait de père tout-puissant, mais nous avions toutes un père omniprésent, et la perspective d'un Dieu qui en aurait été la reproduction dans les cieux m'aurait directement conduite vers l'athéisme. Si je m'étais arrêtée là, j'aurais rangé ma foi dans un tiroir, je l'aurais oubliée comme on le fait avec les lettres d'amour embarrassantes et je serais devenue féministe sans chercher la complication de devoir l'être tout en étant chrétienne. Les choses ne se sont pas passées ainsi, heureusement.

L'échec de Dieu

Je m'occupais déjà du parcours religieux d'un groupe d'adolescents dans ma paroisse, quand il m'arriva de relire, avec un intérêt nouveau, le deuxième chapitre de la *Genèse*, celui qui raconte la Création du genre humain. Je cherchais le passage de la femme-côte d'Adam pour l'utiliser dans un travail de groupe, lorsque quelque chose me frappa et me parut tellement incroyable qu'aujourd'hui encore, chaque fois que je le relis, je suis étonnée. Le récit présente, en effet, un Dieu qui est tout un tas de choses, mais en aucun cas tout-puissant, dans le sens où j'avais jusqu'alors compris la toute-puissance.

> Le Seigneur Dieu dit : « Il n'est pas bon que l'homme soit seul. Je vais lui faire une aide qui lui correspondra. » Avec de la terre, le Seigneur

> Dieu modela toutes les bêtes des champs et tous les oiseaux du ciel, et il les amena vers l'homme pour voir quels noms il leur donnerait. C'étaient des êtres vivants, et l'homme donna un nom à chacun. L'homme donna donc leurs noms à tous les animaux, aux oiseaux du ciel et à toutes les bêtes des champs. Mais il ne trouva aucune aide qui lui corresponde (Gn 2, 18-20).

La scène est claire : dès le premier verset, Dieu admet avoir commis une erreur. Il a créé la lumière, et c'est bien ; il a séparé les eaux de la terre ferme, et c'est bien ; tout va bien, si ce n'est la solitude de l'homme. Ce n'est pas bon, dit le Seigneur. Cet aveu est frappant, puisque la situation dépend entièrement de son geste créateur. Si la solitude de l'homme est un défaut, c'est un défaut de fabrication. Mais Dieu, dans ce passage, est honnête : il reconnaît son erreur et s'efforce d'y trouver un remède, mais – chose incroyable – il n'y parvient pas. Il présente à l'homme tous les animaux et tous les oiseaux, et l'homme leur donne un nom, mais il dit aussi qu'aucun d'eux n'est vraiment comme lui. La scène a quelque chose de comique et de pathétique à la fois : Dieu se trouve dans la position surréaliste d'être un créateur qui passe un examen et échoue trois fois avant de trouver la bonne réponse.

> Alors le Seigneur Dieu fit tomber sur lui un sommeil mystérieux, et l'homme s'endormit. Le Seigneur Dieu prit une de ses côtes, puis il referma la chair à sa place. Avec la côte qu'il avait prise à l'homme, il façonna une femme et il l'amena vers l'homme. L'homme dit alors : « Cette fois-ci, voilà l'os de mes os et la chair de ma chair ! On l'appellera femme – Ishsha –, elle qui fut tirée de l'homme – Ish » (Gn 2, 21-23).

Dans cet extrait de la Bible, l'entité validante – je dirais même l'entité jugeante – n'est pas Dieu, mais l'homme. Celui qui, dans le catéchisme de saint Pie X, était présenté comme l'Être infiniment parfait apparaît ici comme quelqu'un qui procède par tentatives et qui connaît la frustration de l'échec. Que pouvait signifier pour moi cette page des Écritures, que j'avais lue mille fois sans jamais l'envisager sous cette perspective ? Comment se peut-il que le Créateur n'ait pas su tout de suite que la « bonne chose » à faire était la femme, et qu'il fallait la faire de cette manière ? Cela voulait-il dire que Dieu n'était ni omnipotent ni omniscient ? J'étais suffisamment adulte, par mon âge et par ma foi, pour ne pas réduire cette affaire à des questions aussi simplistes. Je m'interrogeai plutôt sur le sens que j'avais donné jusqu'alors à la toute-puissance, quelque chose qui avait davantage à voir avec les actions phénoménales des superhéros qu'avec la dimension spirituelle dans laquelle je continuais à chercher ma propre signification. Pour une fois, j'effleurai l'idée que la toute-puissance n'était peut-être pas la capacité de tout faire, capacité que Dieu avait assurément, puisqu'il pouvait endormir l'homme, lui ouvrir le flanc sans anesthésie et en extraire un os à partir duquel créer une deuxième créature. Bien qu'il semblât privilégier les voies les plus tortueuses, il ne faisait aucun doute que Dieu pouvait faire tout cela et bien plus encore. Dans ce passage très précieux de la Bible, cependant, on trouve quelque chose d'encore plus miraculeux : un Dieu en relation avec l'homme, qui lui demande de collaborer de manière créative, écoute ses exigences et ajuste ses actions en fonction de celles-ci. Et ce n'est qu'après ce dialogue qu'il se montre prêt à faire plier les lois de la nature pour obtenir le meilleur résultat, pour que l'homme soit finalement satisfait.

J'aurais peut-être pu devenir fan d'un Dieu couronné de succès, mais c'est à ce Dieu trompeur et négociateur que je suis devenue fidèle. Ayant grandi dans un monde d'hommes à qui le système enseignait qu'ils ne devaient jamais rien demander, pas même leur chemin, pour ne pas admettre leur fragilité, je m'aperçus que j'avais désespérément besoin d'un Dieu faible. Je n'avais pas besoin du Seigneur des armées, de la Très Haute et Excellentissime Synthèse de toute perfection, mais de quelqu'un·e qui, bien que capable de tout, mettait ce tout au service de l'étonnement d'autrui. La divinité présentée dans cette page, écrite à des milliers d'années de moi, subordonnait l'action de faire à celle d'écouter et prenait même le risque de ne pas comprendre immédiatement ce qui était juste. Le fait que Dieu ait présenté les animaux à l'homme dans l'espoir que l'un d'entre eux au moins lui convienne – tout comme mon chat déposait des souris et des lézards sur le paillasson pour que je reconnaisse ses compétences de chasseur – ouvrait la porte à la possibilité d'une tendresse réciproque entre le Créateur et la créature, capable d'atténuer les résistances qu'aurait suscitées une entité divine qui aurait été simplement forte. Je ne dis pas que, sans ce passage, je serais devenue athée ; au contraire, j'aurais continué de croire en la puissance de Dieu, mais cela n'aurait pas fait de moi une chrétienne. Même le diable, au fond, n'est pas athée, il est tout à fait conscient de l'existence de Dieu. La puissance du Seigneur aurait continué pour moi d'être crédible, mais seule son impuissance pouvait m'apparaître digne de confiance. Personne, si ce n'est un Dieu prêt à l'échec, peut aimer et avoir pitié de l'espèce la moins réussie de toutes, la seule capable de créer les conditions de sa propre destruction. Seul un Dieu ouvert à l'erreur peut décider de s'incarner dans mon humanité, en adoptant les limites du corps, de l'espace et du temps.

L'échec du Dieu de la *Genèse*, précisément au moment de la plus grande ostension de sa toute-puissance, la Création, me sembla directement lié à l'expérience de Jésus, à son échec sur la croix, à son histoire faite de succès non atteints selon les critères de la puissance patriarcale. Dans cette insuffisance divine, même le mot « miséricorde », qui jusque-là avait pour moi, de façon très banale, indiqué la pitié du Dieu céleste et parfait pour la misère de ses créatures, observées d'un regard condescendant qui ne nous permettrait jamais de nous relever vraiment, prenait une signification différente. La miséricorde de l'Évangile pouvait être autre chose ; non pas la magnanimité des grands envers ceux qui leur sont inférieurs, mais l'empathie pour la vulnérabilité qui ne provient que de l'incarnation du divin dans l'humain. Au sein du christianisme, n'importe qui peut dire : « Je n'ai pas fait l'expérience de Dieu, mais Dieu a fait l'expérience de moi. » C'est pourquoi c'est Jésus-Christ, et non Dieu le Père, qui est le juge apocalyptique assis sur le trône à la fin du monde, Celui qui séparera les brebis des boucs, les justes des égarés, l'ivraie du bon grain. Seul le Fils, qui partage à la fois la nature de Dieu et la nature humaine, peut juger les fautes de manière équitable. Que peut bien savoir le Créateur, dans son infinie transcendance, de la peur, de l'avidité, de la colère, du désir et du besoin qui, au moins une fois dans notre vie, ont poussé chacun·e de nous à faire et à se faire du mal ? Et quelle chance a le genre humain, dans sa misère d'âme, de comprendre la nature divine ? Face à un Dieu tout-puissant et très-haut, je ferais, moi, preuve d'autant d'inconscience qu'un ver face à la chaussure qui l'écrase. Qui parmi nous connaît vraiment l'ampleur du temps et de l'espace, ou l'amour sans possession, ou même comprend la capacité surnaturelle de plier les lois du cosmos ?

Entre ces deux extrêmes inconciliables, le Créateur et la créature, il ne saurait y avoir de relation que déséquilibrée et il n'est donc pas étonnant que la religiosité populaire ait eu, au cours des siècles, un tel besoin de saints et d'images pieuses pour servir de médiation dans sa relation avec une entité aussi sidérale. Seul Jésus-Christ vrai Dieu et vrai homme pouvait représenter la zone franche spirituelle où le divin et l'humain se rencontrent. Seul le regard de Jésus peut se poser sur moi de manière juste, car lui seul a personnellement conscience de l'abîme de ma nature, de ses misères et de ses sommets.

La toute-puissance divine que je pouvais accepter en tant que féministe était déjà présente dans les Écritures, mais il m'a fallu la désirer pour y arriver : aucun sermon dominical ne m'avait jamais proposé l'image d'un Dieu le Père qui privilégie la relation à l'action.

En un seul Dieu

Jusqu'en 2002, quiconque prononçait la profession de foi chrétienne en Italie devait déclarer croire « en un seul Dieu ». À partir de cette année-là, il a été possible de réciter le *Symbole des apôtres*, qui, étant plus ancien (il remonte au IIe siècle), précède les querelles avec les hérétiques qui ont contraint la communauté chrétienne à le farcir de précisions théologiques aujourd'hui incompréhensibles. Il n'est pas précisé, dans cette version du *Credo*, que Dieu est un – on dit : « Je crois en Dieu » –, mais la plupart des chrétien·nes italien·nes ne connaissant par cœur que l'autre *Symbole*, ils continuent de répéter tous les dimanches que le christianisme est un monothéisme, qu'il n'existe pas de panthéon ni de divinités majeures ou mineures, qu'il n'y a qu'un sujet.

Le simple fait d'écrire cette phrase noir sur blanc me met mal à l'aise, car « un » est le chiffre de la solitude, celui de choses et de personnes qui ne sont pas en relation. Le chiffre « un » force à choisir, il n'admet pas la diversité et porte en lui la possibilité de supprimer toute alternative. Dire que Dieu est un offre la possibilité de donner à la discrimination une forme divine. Si Dieu est un, il ne sera qu'une seule chose : père ou mère ; homme ou femme ; lièvre ou renard ; ours ou aigle ; brise ou source, et ainsi de suite. On me rétorquera qu'il n'en est rien, qu'« un » est un chiffre qui récapitule et peut synthétiser selon ce que l'on décide de lui faire représenter. Cela est vrai, en théorie, mais le pouvoir de représentation collective étant un pouvoir de privilège, dans la pratique, ce sera toujours le privilégié qui décidera pour tous·tes de la forme de Dieu. Celle ou celui qui jouit de cet avantage narratif n'aura aucun intérêt à inclure dans l'histoire des formes divines celles que chacun·e considère comme inférieures à lui ou elle-même, déviantes ou non pertinentes. En réalité, le chiffre « un » permet de proférer l'un des blasphèmes les plus pratiqués dans le christianisme : celui qui inverse le rapport de ressemblance entre divinité et créature. Puisque nous ne savons toujours pas ce que signifie vraiment le fait que le Créateur nous a fait·es « à son image » – être tout-puissant, omniscient, éternel, infaillible et autres choses que nous ne sommes évidemment pas –, il semble tentant d'effectuer le chemin inverse : repenser Dieu selon nos formes, en choisissant, comme par hasard, celles dans lesquelles nous dominons.

Le nombre du privilège

Il n'est pas étonnant que l'idée d'un Dieu unique amène à penser que ce Dieu est masculin et père. Mais, pour être juste, il convient de préciser que le processus de construction de l'image patriarcale de la divinité dans le christianisme n'a pas commencé par cette intention, ni de manière aussi explicite. La priorité, à l'origine, était d'annoncer Jésus comme le Christ, tâche déjà très compliquée pour les premiers apôtres, car le noyau de la foi chrétienne était et est encore constitué de deux faits inconcevables pour les cultes préexistants : l'incarnation du Christ puis la mort du Fils de Dieu et sa Résurrection. Sur le marché religieux du premier siècle, l'offre en divinités était si riche qu'elle saturait la demande. Les temples païens étaient remplis d'autels ; il y en avait pour toutes les nuances de divin, même pour le Dieu inconnu, simplement pour être sûr de n'en avoir oublié aucun. Le défi pour les prédicateurs qui s'adressaient aux Grecs et aux Romains (qui, culturellement, ne connaissaient que des dieux puissants et immortels) était d'arriver à proposer de manière convaincante la figure d'un dieu vaincu et cloué sur l'instrument de supplice traditionnellement réservé aux esclaves. En revanche, pour ceux qui s'adressaient au peuple hébreu, pour lequel Dieu était et reste unique, le défi était de faire accepter l'idée que le Seigneur des armées, l'innommable de la Torah, puisse avoir un fils.

Saint Paul, dans sa Première lettre aux Corinthiens, avait bien résumé ce problème de non-crédibilité du message chrétien pour ses contemporains : il apparaissait comme « scandale pour les Juifs et folie pour les nations païennes ». Cela a dû être très compliqué de se trouver entre ces deux pôles culturels, car, comme le sait très bien quiconque appartient à des catégories marginalisées, être perçu·e dans la zone grise entre la folie et le blasphème expose à des dangers qui peuvent conduire jusqu'à la mort. Pendant trois cents ans, l'objectif principal de la religion chrétienne a été de survivre et d'assurer la survie de celles et ceux qui y adhéraient. Imaginer que Dieu lui-même était un opprimé, comme la communauté des croyant·es qui s'y identifiait, apparaissait comme une évidence et était même source de réconfort. Il n'est pas surprenant que la période où le christianisme se proposait comme le culte des plus humbles – « Venez à moi, vous tous qui peinez sous le poids du fardeau » (Mt 11, 28), disait Jésus – ait coïncidé de fait avec celle de la persécution et des catacombes. À l'époque, l'acte de foi était vécu dans la confidentialité, les gestes et symboles communautaires étaient secrets ou cryptiques, les églises n'existaient pas et l'eucharistie était célébrée en petits groupes, dans des grottes ou des maisons. Se montrer signifiait mourir. Le *Credo* n'avait pas encore été défini, mais s'il l'avait été, il aurait été récité dans un murmure prudent et après vérification soignée des références de chacun·e.

Il a fallu des décennies pour que les choses changent et que la nouvelle religion perde son statut d'étrangeté et de subversion qui, durant les premiers siècles, lui avait valu d'être pointée d'un doigt méfiant par la société. Ses exigences de représentation évoluèrent alors également, mais il fallut attendre les ouvertures des empereurs Constantin et Théodose au IVe siècle après J.-C., pour que les personnes qui croyaient en Jésus racontent Dieu, à elles-mêmes et aux autres, d'une manière moins marginale.

La question n'est pas tant théologique que pratique, « de marketing », dirait-on aujourd'hui. Après les esclaves, les femmes et les pauvres, il devient essentiel que l'Évangile, désormais marqué par l'imprimatur de l'empereur, cesse de s'adresser à une niche et soit perçu comme universel, devenant ainsi une foi engageante pour d'autres classes sociales. Il faudra rassurer ces nouvelles cibles : « Convertissez-vous sans crainte, car nous ne vous proposons pas un extrémisme, mais quelque chose qui renouvelle ce en quoi vous reconnaissez déjà une grandeur et un pouvoir. » Le christianisme de ce moment charnière doit concilier la contradiction de proclamer la nouveauté absolue du Christ, tout en restant viable pour celles et ceux qui appartiennent à des groupes privilégiés et ne veulent en aucun cas bouleverser leur mode de vie. La dimension communautaire, qui à l'origine avait prédominé et permis une structure en réseau, avec des assemblées territoriales qui jouissaient d'une grande autonomie, n'était plus aussi évidente comparée à une société organisée de façon pyramidale, où les rapports de pouvoir étaient hiérarchiques et la chaîne de commandement assez bien définie.

La religion de l'égalité devant Dieu pouvait-elle être aussi celle des êtres humains qui jouissaient des inégalités sociales ? Le Dieu de Marie dans le *Magnificat*, celui qui « a renversé les puissants de leurs trônes et élevé les humbles », pouvait-il être également le Dieu du pouvoir ? En théorie, la réponse est non, mais dans la pratique, ce fut une autre paire de manches. Sous le prétexte que la parole de Dieu n'expire pas, on ne s'empressa pas vraiment de la mettre en œuvre dans le temps présent, et les mots de Paul aux Galates eurent bien peu d'effet pendant des siècles : « Il n'y a plus ni juif ni grec, il n'y a plus ni esclave ni homme libre, il n'y a plus l'homme et la femme, car tous, vous ne faites plus qu'un dans le Christ Jésus » (Ga 3, 28). Dans ces versets, on entrevoit la tentative de faire entrer dans le chiffre « un » tout et son contraire, mais Paul comprendra vite que les choses sont, dans la réalité, bien plus complexes. Tout le monde n'est pas disposé, comme lui, à changer de vie du jour au lendemain, après être tombé de cheval sur le chemin de Damas. Le riche qui peut se permettre d'avoir des esclaves, comme son ami Philémon, à qui il écrira d'ailleurs une lettre à ce sujet, n'a aucunement envie de renoncer à l'esclavage simplement parce qu'il s'est converti. De même, l'homme n'a nullement l'intention de perdre son privilège sur les femmes, le citoyen de l'empire ne se sent certainement pas égal à l'étranger et le juif converti n'a pas cessé de se considérer comme le peuple élu contrairement à celui qui arrive au Christ par le polythéisme. L'objectif éthique de l'égalité de dignité reste l'horizon de la perspective chrétienne, mais il y a des raisons tactiques, de *realpolitik*, pour ne pas l'inclure dans les priorités initiales. Le christianisme structuré, s'il ne veut pas vivre dans une guerre permanente avec les systèmes sociaux dans lesquels il se développe, doit concilier ce qu'il espère avec ce qu'il trouve.

Si nous en parlons aujourd'hui encore, c'est parce que cet exercice d'équilibre lui a bien réussi pendant deux mille ans. Mais le succès de cette opération ne libère pas de l'obligation de se demander quel en a été le prix, et surtout qui l'a payé. Le processus de mimétisme que la foi évangélique a dû entreprendre a impliqué, entre autres, d'embrasser le patriarcat et d'en devenir la version religieuse. Le prix à payer revient entièrement aux femmes et aux hommes non conformes qui, au fil des siècles, ont continué d'adhérer à une foi qui, en se développant, a également exacerbé la discrimination à leur égard.

On me dira qu'il était impossible de ne pas s'acquitter de ce tribut dans des sociétés où les structures de pouvoir entre les sexes reposaient sur le même schéma. Juifs et païens pouvaient avoir des idées différentes sur Dieu, mais ils partageaient leur conception des femmes. Le problème n'était pas tant que Dieu « ne soit qu'un », mais de savoir qui devait être son équivalent social, c'est-à-dire celui qui, dans la société, avait le pouvoir d'occuper la case de Dieu en y mettant son propre visage. Si une catégorie devait être exclue, il était plus logique que ce soit une catégorie déjà soumise, dans l'impossibilité de s'opposer à son anéantissement. Dans le monde juif d'origine comme dans celui gréco-romain d'arrivée, il y avait des personnes – des femmes et des enfants, des esclaves, des pauvres et des étrangers – qui étaient moins des personnes que d'autres, ou qui ne l'étaient pas du tout, et c'étaient les hommes, les citoyens, les patriarches et les riches maîtres qui en établissaient la dignité. Pour celle ou celui qui se trouvait déjà au sommet de l'échelle sociale, le tournant historique du christianisme d'État fut un don du ciel. Façonner Dieu à leur image fut le moyen par lequel les classes privilégiées parvinrent à sacraliser littéralement les inégalités de droits qui existaient déjà auparavant.

Était-il possible de faire autrement ?

La religion de Jésus aurait-elle pu éviter de se transformer en instrument de maintien de l'injustice ? Dans cette période historique, je ne crois pas. À ses débuts, le christianisme s'est affirmé en acceptant des compromis sur la radicalité du message évangélique, souvent de façon éclatante. Je pense ainsi à l'Inde de la première moitié du XXe siècle, où le système de castes était encore légal et où toucher les personnes d'un rang inférieur privait les prêtres de la possibilité de rencontrer le reste de la société. La seule façon qu'ils avaient de donner la communion sans devenir à leur tour des parias était d'offrir l'hostie avec des pinces. Cela ne signifie pas que le christianisme acceptait le système des castes, mais qu'il a toujours été conscient que les changements culturels s'effectuent avant tout en pénétrant les cultures. L'autre possibilité aurait été l'affrontement de principes, mais cela demande une énergie immense, et la persécution qui en résulte – quoi qu'en disent celles et ceux qui soutiennent que le sang des martyrs a fait du bien à l'Évangile – a toujours été moins efficace que la négociation ou même le syncrétisme.

Il est une évidence historique : à partir de Constantin, c'est-à-dire avec le passage d'une foi des déshérités à une religion de tous·tes, le christianisme n'a plus pu refuser aux puissants la prétention de se représenter en Dieu. La question est ici de comprendre comment il est possible que cette représentation, ayant depuis accédé au statut de canon, prétende pouvoir perdurer alors que le problème de la survie qui, à l'origine, pouvait justifier ce compromis éthique, n'existe plus. Si les temps ont changé, pourquoi les instruments pour raconter Dieu ne changent-ils pas aussi ? Pour qui est-il encore utile aujourd'hui que le Dieu des chrétiens soit représenté, prié et projeté socialement de manière unique et que cette représentation corresponde à l'idée d'un vieil homme blanc seul aux commandes ?

Contre le Dieu Cendrillon

En tant que féministe (j'apporterai toutes les précisions nécessaires par la suite), je n'ai pas de grandes résistances à imaginer Dieu comme un père, mais j'en ai pas mal à penser qu'il puisse encore n'être que cela. Le chiffre « un », lorsqu'il signifie « unique », continue de poser problème. Entre avoir un Dieu unique et avoir une idée unique de Dieu, il peut n'y avoir qu'un pas, et dans le christianisme récent, malheureusement, c'est un très petit pas, qui plus est, dépourvu de toute justification par les Écritures. La Bible offre, en effet, une vaste richesse d'images de Dieu, souvent très différentes les unes des autres ; c'est la prédication qui en a réduit le champ, en sélectionnant, au fil des siècles, celles qui semblaient plus appropriées aux différents contextes historiques et sociaux, avec toutefois l'effet de faire oublier l'existence des autres. J'éprouve envers celles et ceux qui n'ont qu'une seule idée de Dieu le même instinct de défense que face à quelqu'un·e qui n'a lu qu'un seul livre. Je préfère l'ignorance, la page blanche qui ouvre à tous les possibles, plutôt qu'une seule perspective, car ce qui est unique tend, avec une extrême facilité, à devenir dogmatique.

Ce n'est cependant pas la Bible qui m'a appris à quel point il est dangereux de n'avoir à disposition qu'une seule histoire, mais *Cendrillon* et, de manière générale, tous les contes qui ont perpétué pendant des siècles une idée unique de la femme, toujours la même. Cendrillon est emblématique parce qu'elle a été immortalisée par des dizaines d'auteurs, parmi lesquels Perrault, les frères Grimm et, bien sûr, Walt Disney. Les origines de ce conte remontent toutefois à l'Égypte ancienne, où celle que nous connaissons sous le nom de Cendrillon s'appelait Rhodope. Cet emprunt à l'Afrique du Nord vient démentir de nombreux préjugés que nous avons sur la prétendue originalité de la « culture occidentale » et montre que l'implantation patriarcale de l'histoire est commune et fait partout les mêmes dégâts. L'intrigue est bien connue. Une belle et gentille jeune fille, orpheline de mère, avec un père remarié, vit comme une servante dans la maison dont elle devrait être l'héritière. Sa belle-mère la déteste, tout comme ses deux demi-sœurs nées du second mariage d'un père qui ne se soucie pas le moins du monde de son aînée. C'est un destin de marginalité qui attendrait Cendrillon – la fille couverte de suie – si sa marraine la fée n'intervenait pas pour lui offrir un destin différent : aimer et être aimée par un prince qui l'élèvera sur le trône en la délivrant de la vie qu'elle avait menée jusqu'alors.

Voici le premier stéréotype que ce conte présente : là où un homme est en jeu, les femmes se détestent entre elles. La marâtre et ses filles méprisent Cendrillon parce qu'elles se disputent l'amour du père, puis les demi-sœurs la haïssent, parce qu'elles se disputent l'amour du prince. Il s'agit de clichés que l'on retrouve à l'identique dans bien d'autres contes – Blanche-Neige, par exemple, est elle aussi aux prises avec une marâtre – et qui écrasent les personnages féminins sous deux éléments qui pèsent lourd dans la vie des femmes d'aujourd'hui : l'âge et la beauté. Dans les contes, la vieillesse féminine est considérée comme indésirable. Les femmes les plus âgées, qui ont perdu leur fraîcheur d'antan, s'y montrent cruelles et envieuses envers les jeunes filles encore séduisantes dans un monde où attirer le regard des hommes est la plus grande ambition pour toute créature de sexe féminin. Âgée, la femme n'est plus sage ni désirable, mais rancunière et sur la défensive devant la jeunesse des autres. La beauté et la jeunesse vont de pair, la protagoniste est toujours charmante, les femmes qui la détestent sont laides et c'est pour cela qu'elles la détestent.

La légende selon laquelle les femmes seraient les pires ennemies des femmes se fonde sur ces deux postulats, mais, en réalité, elle nous en dit très peu sur les femmes et beaucoup sur les hommes qui les ont ainsi imaginées. Les auteurs du conte étaient, en effet, des hommes, et comme ce sont eux qui veulent pour eux-mêmes de belles jeunes filles, ils supposent que les femmes aussi ne désirent rien d'autre que de satisfaire ce désir. Lorsque nous lisons

Cendrillon (et tous les autres contes), il convient de se rappeler que nous ne sommes pas en train de regarder les femmes telles qu'elles sont, mais telles que les hommes de la culture patriarcale les ont conçues et, peut-être, au fond, les conçoivent encore. Les femmes de ces histoires vivent leur vie sans horizon : le décor dans lequel elles se meuvent se limite souvent aux quatre murs d'une maison. On ne les voit jamais partir à l'aventure, accomplir des missions à l'extérieur, nourrir de grandes aspirations ou viser des responsabilités sociales : leur but est de quitter la maison de leur père pour s'installer dans une autre maison, celle de leur mari. Si elles n'ont pas de chance, elles s'occuperont des tâches ménagères, et si elles en ont, elles épouseront un homme qui fera trimer une autre à leur place. Les travaux ménagers sont décrits comme un tel malheur existentiel qu'il n'est pas surprenant que les hommes refusent de s'en occuper et que les femmes, dès qu'elles peuvent se le permettre, paient quelqu'un d'autre pour les remplacer.

De ce point de vue, *Cendrillon* est aussi extrêmement classiste, car le succès de la protagoniste ne réside pas seulement dans le fait d'épouser le prince, qui est riche alors qu'elle est pauvre, mais également dans l'ascension sociale, qui lui permettra de passer du statut de servante à celui de maîtresse de maison, ou mieux encore, d'épouse du maître de maison. La recherche du prince est présentée comme l'ultime objectif des jeunes filles dans les contes, raison pour laquelle, pendant des siècles, les femmes ont toutes été élevées comme des aspirantes princesses, rêvant chacune d'atteindre le plus haut rang possible dans son contexte social. Des millions de poupées couronnées et vêtues de dentelle ont nourri l'imagination de petites filles à qui on enseignait qu'il fallait espérer rencontrer un homme unique qui les aimerait d'une manière exceptionnelle.

Quand j'étais petite, on m'offrait des Barbies pour que je puisse les coiffer en rêvant du jour du bal ; mon frère recevait des petits chevaux et des épées pour jouer à la conquête de tel ou tel château. Il a été élevé, lui, pour réaliser quelque chose ; moi, pour me réaliser à travers quelqu'un d'autre. Dans combien de foyers éduque-t-on encore aujourd'hui les garçons à l'action et les filles à la relation ? Cette question ne vient pas des contes, mais ces derniers peuvent jouer un rôle important dans la réponse qu'on lui donne.

Quitter la maison paternelle pour partir avec son amoureux, c'est dans les contes, le passage à l'âge adulte : cela marque la transition entre l'enfant et la femme. La perspective de ne pas trouver d'homme est catastrophique, elle fait vieillir immature, flétrir sans avoir jamais fleuri. Vieillir sans grandir devrait représenter l'enfer de tous·tes, mais dans les contes ce n'est que celui des femmes, car le prince est toujours unique, et celle qui arrive à l'accaparer est chanceuse. Lui, en revanche, a à ses pieds des dizaines de jeunes filles et, par son amour, détient le pouvoir de transformer en princesse quiconque il choisit.

Être décrite comme une conséquence et jamais comme le moteur de sa propre histoire empêche quiconque s'identifie à la jeune fille des contes de se sentir protagoniste. Cendrillon, à nos yeux, est une marionnette dépourvue d'initiative, faible lorsqu'elle est abandonnée à elle-même, à la merci des événements, ayant besoin d'être adoptée par quelqu'un de plus rusé ou de plus puissant. Sa marraine la fée est essentielle à la construction de cette fragilité puisque sans son intervention, l'amour et le riche mariage ne pourraient jamais se réaliser. Cendrillon est une héroïne incapable de défendre ses intérêts. Seule, elle ne comprend pas et n'agit pas. Elle est une ignorante naïve. Elle ne sait pas que sa saleté de père lui a retiré sa dot pour que ses deux autres filles puissent vivre dans l'opulence. Elle n'est pas en mesure de se soustraire aux circonstances qui la soumettent à la malignité de la nouvelle épouse et à l'envie de ses demi-sœurs. Pourrait-elle s'en aller ? Peut-être, mais elle ne le fait pas. Pourrait-elle se rebeller et s'imposer en acceptant le conflit ? Peut-être, mais elle n'a pas assez de caractère pour le faire. Le tempérament de Cendrillon, qui nous est proposé comme un modèle moral, la conduit à ne pas réagir lorsqu'elle souffre et à pardonner lorsqu'elle peut faire souffrir. La femme idéale de ce conte ne renverse pas la table et ne s'oppose pas aux injustices, mais elle endure, et par la patience, la douceur et l'amour, change son destin en intégrant dans son bonheur ce que la situation a de mauvais. Un exemple qui apprend la soumission féminine et, au fond, enseigne que la marraine ne peut nous aider que si nous sommes fragiles, qu'elle doit nous protéger et que le prince ne peut nous aimer que si nous sommes dociles et qu'il n'a pas de raison de nous craindre.

Cendrillon serait donc un mauvais conte ? Absolument pas : c'est un très beau conte. Est-ce la faute de Cendrillon si les femmes et les hommes ont cru pendant longtemps n'avoir que deux rôles sociaux possibles ? Bien sûr que non. Devons-nous cesser de le raconter ou, pire, le modifier parce qu'il consacre une vision de la femme et de l'homme qui n'est plus d'actualité ? Pas du tout. Le conte de Cendrillon est une conséquence du patriarcat, non une cause. Nous devons l'écouter et le raconter comme nous l'avons toujours fait, mais en tant que personnes conscientes, qui savent lire entre les lignes et comprendre ce qu'elles ont entre les mains. Si l'après-Cendrillon avait un évangéliste, sa sainte plume devrait écrire : « Il n'y a plus ni mère ni belle-mère, ni fille ni belle-fille, ni père ni prince. » La solution à cet imaginaire stéréotypé n'est pas de supprimer la narration, mais de la multiplier, en augmentant les histoires et en faisant en sorte que chaque récit soit relatif, un parmi les nombreux possibles, pas le seul, et certainement pas le dernier. Que les petites filles et les petits garçons connaissent *Cendrillon* ne m'inquiète pas ; ce que je crains, c'est qu'ils deviennent adultes en ne connaissant que ce conte.

Que faire alors quand on se rend compte que depuis des siècles notre religion applique aux récits sur Dieu le paradigme de Cendrillon, traitant tout le monde comme des enfants incapables d'accepter une autre représentation de la réalité divine que celle de la simplification d'un conte de fées ? Comment se défendre contre celles et ceux qui cherchent à nous imposer une version unique de Dieu, qui protège certains privilèges, pour nous convaincre que c'est la seule à laquelle nous devons nous conformer ?

Tout brûler

La foi chrétienne a une façon bien à elle de dire qu'elle croit en un seul Dieu : elle dit que cet Un est en réalité Trois. Cette affirmation pleine de contresens est tellement riche de contenus qu'elle n'a toujours pas fini de nous les révéler. Si, durant mon enfance, j'ai surtout réfléchi aux implications d'avoir un Dieu Père, et si, dans ma jeunesse, j'ai été irrémédiablement attirée par la figure du Fils, avec la maturité, c'est la Trinité qui m'offre de plus en plus de pistes de réflexion et me dévoile de nouveaux aspects de la complexité dans laquelle nous sommes plongé·es. C'est par respect pour cette complexité que mon instinct premier – face aux tableaux qui banalisent la Trinité à travers un vieillard, un jeune homme et une colombe – est de mettre le feu à tout ça en criant : « Banzaï ! »

Jeune, je l'aurais fait. Dans la fièvre de mes dix-neuf ans, alors que j'avais déjà une certaine conscience des conséquences du modèle unique du divin proposé en ces termes, il y a eu un moment où j'ai ressenti une féroce sympathie intellectuelle pour l'iconoclasme, ce courant de pensée qui a combattu violemment toute tentative de représenter de façon réaliste aussi bien Dieu que la forme humaine. Mis à part le christianisme, les deux grands monothéismes sont encore aujourd'hui iconoclastes, car le judaïsme et l'islam ont jugé que l'absence de représentation de Dieu était peut-être moins dangereuse que le fait de n'en avoir qu'une seule. À cet âge-là, cette pensée me semblait raisonnable, même si cela signifiait renoncer à toute l'histoire de l'art occidental dont les sujets, pendant des siècles, ont été principalement religieux. Cela me paraissait aussi cohérent avec la rigueur évangélique de Jésus qui, face à l'incrédulité de Thomas voulant vérifier du bout des doigts le miracle de la Résurrection, déclara : « Parce que tu m'as vu, tu crois. Heureux ceux qui croient sans avoir vu » (Jn 20, 29).

Mais au sein de l'Église, ces bienheureux n'ont probablement jamais été majoritaires, ou plutôt, dans l'expérience que j'ai des paroisses, la foi dominante était celle, sceptique, de Thomas. J'ai grandi entourée de gens qui avaient plus confiance en saint Éphise qu'en Jésus, et dont les dévotions étaient fondées sur la prétention de vérifier physiquement les phénomènes spirituels. Sur la porte de l'église de mon village, on trouvait les annonces de tous les voyages spirituels imaginables, des excursions à Medjugorje pour voir le lieu de l'apparition de la Vierge à celles à San Giovanni Rotondo pour toucher les reliques de Padre Pio, en passant par les pèlerinages saisonniers au Saint Suaire pour admirer, drap et carbone 14 à l'appui, la preuve photostatique de la Résurrection. Celles et ceux qui ne voulaient pas se déplacer pouvaient solliciter la grâce au kilomètre zéro auprès des saints des niches de l'église paroissiale, au pied desquels apparaissaient régulièrement des ex-voto comme des reçus prouvant que le miracle avait eu lieu. Les cierges brillaient toujours sous ces statues, requêtes tremblantes de confirmation de l'existence d'un ailleurs puissant en lequel nos impuissances pouvaient avoir confiance. Sainte Rita, le regard embué, qui implore la mort pour son mari et ses enfants afin qu'ils ne s'entretuent pas en damnant leur âme. Saint Antoine-Prométhée, qui vole le feu au démon avec l'aide de son fidèle cochon domestique. Saint Joseph, relégué dans une chapelle mineure, très loin de l'autel majeur, tel un père séparé. Sainte Catherine, une plume d'oie à la main, qui a harcelé deux papes de ses lettres. Sainte Lucie, aux yeux crevés, patronne inexplicable des maçons. Ou encore l'horrible Enfant Jésus de Prague, stylisé en forme d'œuf de Fabergé. J'éprouvais – et j'éprouve toujours, inutile de le nier – pour cette série de statues tordues, réalisées par des artisans locaux qui, au quotidien, construisaient des chaises et des portes de buffet, un profond mépris. Le besoin de voir et de toucher des simulacres me semblait propre aux petites gens de la foi, le désir pauvre de celles et ceux qui ne croient qu'à leurs sens, c'est-à-dire à la chose la plus limitée dont nous disposons pour appréhender la réalité. À l'époque, dans mon snobisme spirituel juvénile, j'aurais volontiers jeté au bûcher ces représentations mal faites et appelé « ferveur » la flamme qui s'en serait élevée.

Aujourd'hui, en revanche, avec le recul, le raisonnement iconoclaste ne me semble plus sage du tout, pas plus que le fait de nier l'expérience des sens, même lorsqu'elle a lieu à travers de laids artefacts issus de la piété populaire. Si la solution était de ne représenter Dieu et les êtres vivants sous aucune forme, l'histoire du judaïsme et celle de l'islam devraient être dépourvues de discriminations, ce qui n'est pas le cas. L'absence d'images n'a évité aux autres monothéismes que le développement de l'idolâtrie, mais leur arsenal d'exclusion sociale et de patriarcat est identique au nôtre. Dans ce contexte et sous bien des aspects, il est évident que le problème originel est ce Dieu unique qui engendre, en cascade, des modèles uniques. Et ces modèles nous éduquent à traiter tout ce qui ne leur est pas conforme comme une déviance à éradiquer.

Pour celles et ceux qui ont choisi de consacrer leur énergie à construire des parcours d'émancipation, est-il possible d'imaginer, d'aimer et de prier Dieu sans devoir s'agenouiller devant le pire de ses selfies ?

Une autre Trinité est possible

Il m'est arrivé une fois d'avoir des symptômes correspondant à ce que l'on appelle le « syndrome de Stendhal ». Il s'agit d'un trouble psychosomatique temporaire qui provoque tachycardie, étourdissements, vertiges, désorientation et hallucinations chez des personnes exposées à des œuvres d'art particulièrement suggestives, en particulier dans des espaces clos. L'état mental des personnes touchées présente des similitudes avec l'anxiété et les crises de panique, mais peut aussi être comparé à un état d'extase. N'étant pas classé comme un véritable syndrome dans la typologie des troubles mentaux, il peut, selon notre degré de cynisme, être considéré soit comme un trouble imaginaire, soit comme une sorte de maladie des émotions. Il reste, en tout cas, un signal d'alarme : la beauté doit être prise au sérieux, car elle peut contenir une vérité troublante.

Je pense avoir visité la majorité des plus beaux musées d'Europe et n'avoir jamais rien vécu de tel. La seule fois où j'ai éprouvé le syndrome de Stendhal, j'étais dans une librairie religieuse à Oristano et je regardais une copie sur bois bon marché de l'icône russe la plus célèbre du monde. La propriétaire du magasin, me voyant fixer l'objet d'un regard qui semblait possédé, me fit ce commentaire avec satisfaction : « Elle est belle, n'est-ce pas ? C'est la Trinité. » Puis elle ajouta : « C'est du noyer, mais elle ne coûte que quarante mille lires. »

C'était la première fois de ma vie que j'observais de près *La Trinité* de Roublev. Je l'avais souvent vue sur des images pieuses, mais je n'avais pas compris ce qu'elle représentait, car les personnages du tableau ne ressemblent en rien à ceux qui, d'habitude, figurent la triade divine. Je ne l'avais jamais considérée, la prenant pour l'effigie d'un saint de l'Église orientale que je ne connaissais pas, ou d'anges quelconques, figures qui ne m'avaient jamais beaucoup intéressée dans mon cheminement spirituel, bien que je porte le nom du Prince des armées célestes. Il était facile de se méprendre, car Roublev, moine et théologien de 1400, s'était, en effet, inspiré de l'épisode biblique des chênes de Mamré, où Abraham et Sarah, âgés, reçurent l'annonce d'une des grossesses miraculeuses dont la Bible regorge, donnée par trois mystérieux messagers en qui le vieux patriarche eut la présence d'esprit de reconnaître la manifestation même du Seigneur Dieu et pour qui il fit préparer un repas à base de veau.

Au fil des années, j'ai étudié cette image sous tous les angles et découvert que la superposition symbolique entre les trois êtres angéliques de l'épisode des Écritures et les Personnes de la Trinité est en réalité d'une grande finesse, tant d'un point de vue théologique qu'artistique. Roublev le théologien avait bien conscience que le passage qu'il peignait est le seul de la Bible où la rencontre entre un être humain et la volonté de Dieu a lieu à travers la visite de trois personnes. Mais Roublev l'artiste savait tout aussi bien qu'essayer de représenter de façon réaliste une rencontre aussi mystique sans sembler puéril était impossible. Au XVe siècle, la fâcheuse habitude de représenter la Trinité sous la forme de deux hommes et d'un oiseau ne s'était pas encore affirmée, et si Roublev avait pu la prédire, il en aurait probablement été horrifié. La solution qu'il trouve est à l'opposé, pleine de sous-entendus respectueux, géniale dans sa portée théologique et tout aussi délicieuse dans son rendu esthétique au point qu'elle fera frémir, même à travers sa banale reproduction dans une librairie de province, une ignorante étudiante en sciences religieuses, six siècles plus tard. Qu'y a-t-il donc de détonant dans ce tableau ? D'abord, ces trois individus ailés se ressemblent tellement qu'ils semblent homozygotes. Difficile de leur attribuer un sexe : les traits délicats, l'absence de barbe et le tressage complexe des cheveux sont des marqueurs de féminité, tandis que les postures autoritaires et les corps androgynes semblent appartenir à la symbolique masculine. S'agit-il d'hommes ? S'agit-il de femmes ? Celui ou celle qui verrait aujourd'hui cette œuvre sans rien savoir de son origine ne saurait pas le dire. L'artiste a jugé que choisir n'était pas nécessaire et a maintenu l'ambiguïté : la binarité de genre n'est pas la clé de compréhension de l'image, où les personnages sont à la fois *autres* et *au-delà*. S'ils partagent les mêmes traits, ces messager·es angéliques sont, pour le reste, plutôt différent·es. Roublev les a habillé·es de couleurs distinctes et, dans l'iconographie orientale, les couleurs ont toujours une signification théologique : le bleu clair, l'or, le rose, le vert et le rouge font référence à la fonction et à l'essence des sujets représentés et mettent en lumière les différentes nuances que chacun·e exprime par rapport aux autres ; le rouge et le rosé rappellent le sang et représentent la nature humaine ; le bleu clair incarne la vérité céleste ; l'or, la surabondance de la divinité et le vert, la luxuriance de la vie. Puisqu'elle est appelée Trinité, il est légitime de se demander qui est le Père, qui est le Fils et qui est le Saint-Esprit, et c'est là que l'histoire devient amusante : personne ne le sait. Mon interprétation préférée désigne le Fils dans la figure centrale du tableau, enveloppée de rouge, donc d'humanité, et le Père dans celle de gauche. Une deuxième interprétation, plus répandue, inverse la lecture en voyant dans la robe rosée par-dessus la tunique bleu ciel du personnage à gauche une métaphore de l'humanité qui cacherait au monde la divinité du Christ. Nous ne connaissons pas les intentions de Roublev à ce sujet, et c'est là probablement le legs théologique le plus important de cette icône, qui a été chargée d'apporter non seulement la beauté et la présence du sacré, mais aussi une part intéressante de chaos dans le regard de celles et ceux qui la contemplent. Face à elle, résonne presque ironiquement l'écho des paroles de Jésus à Philippe : « Celui qui m'a vu a vu le Père » (Jn 14, 9), comme pour dire : cela ne sert à rien de faire des distinctions, les catégories n'ont pas de sens ici, car où que tu regardes, tu nous trouveras tous les deux. Personne ne doute cependant qu'à droite se trouve la personne trinitaire de l'Esprit, ce qui mérite aussi d'être approfondi, j'y reviendrai plus tard.

La relation entre les trois Personnes est explicitée, pour ainsi dire, par leurs micromouvements. Le regard est capté par une géométrie qui inscrit les trois figures dans un cercle et en saisit la dynamique correspondante. Si l'on accepte l'hypothèse que la figure de gauche soit le Père, c'est de son pied et de sa main droite que part une courbe imaginaire, qui rejoint l'Esprit saint, suit la ligne de son dos et de sa tête inclinée, continue vers la figure centrale du Fils et son visage baissé, poursuit son chemin derrière la montagne et l'arbre dans leur dos pour s'arrêter finalement sur le palais, reflet de la droiture du Père. Point de départ et d'arrivée et relance infinie du flux de l'énergie trinitaire. Roublev a fait en sorte qu'il soit très difficile de détacher le regard de ce mouvement : on peut passer des heures à tourner en spirale à l'intérieur de l'icône, aspiré·e par la force centripète qu'elle génère.

Le choix du cercle est théologiquement révolutionnaire par rapport à la construction géométrique de la Trinité classique occidentale, où le vieillard, le jeune homme et la colombe sont placés de façon pyramidale. La pyramide a un sommet et une base qui la soutient, ce qui suggère une hiérarchie excluante, dans laquelle quelqu'un, en haut, domine et quelqu'un, en bas, porte le poids de la structure. Elle se présente comme statique, hiératique, cristallisée, et, vue de face, elle semble plate, un triangle qui ne peut être regardé que de manière frontale, *straight*. Le cercle, lui, évoque une communion égalitaire et un dynamisme interne qui déplace continuellement le regard d'un côté à l'autre du tableau. Alors que la Trinité pyramidale semble dire : « Toi, tu es en dessous », la Trinité circulaire dit : « Tu es à l'intérieur », un changement de perspective radical que Roublev obtient en inversant la position du point de fuite.

Quand j'étais enfant, je trouvais les icônes russes laides ou, au mieux, naïves, et je pensais que les orthodoxes ne savaient pas dessiner et que j'avais eu de la chance de naître dans la partie du monde des véritables génies artistiques qui avaient inventé la perspective et imposé la règle des proportions dans l'art. L'ignorance est une vilaine bête. Dans cette image, la profondeur de la perspective est projetée en dehors du tableau, car Roublev, à travers un jeu de lignes géométriquement irréalistes qui partent de l'estrade sur laquelle sont assises les trois figures, place le point de fuite de la scène dans les yeux de celle ou celui qui la regarde, dans les miens, me donnant l'impression que ce sont les trois Personnes qui se tournent vers moi, plutôt que le contraire.

Dans cette librairie d'Oristano, en 1996, ce n'était donc pas moi qui observais la vie des Personnes divines du tableau, en me berçant de l'illusion qu'en les enfermant dans un espace mesuré j'en saisissais le mystère : c'était elles plutôt qui venaient à ma rencontre et me regardaient, renonçant à la fermeture de la tridimensionnalité pour s'ouvrir à une quatrième dimension, celle de la relation avec moi. À la table de ce déjeuner, il y avait de la place pour une autre chaise, la mienne. Cela semblait incroyable, mais la Trinité me faisait une place. Quand j'ai compris ce qu'avait réalisé ce brillant moine russe du XVe siècle, mon ignorance m'est apparue pour ce qu'elle était : si lourde que je n'ai plus jamais regardé d'œuvre religieuse depuis sans espérer y trouver le même éclair de génie. Le récit d'une Trinité qui ne m'effaçait pas en tant que femme et ne m'anéantissait pas en tant qu'être humain était possible et cette icône en était la preuve.

Plus les figures de l'icône semblaient se prolonger dans ma réalité et plus, envoûtée par cette image, je me sentais pour la première fois de ma vie impliquée dans la réalité de Dieu. L'épiphanie et le renversement symbolique que cette conscience engendrait étaient complets : les trois Personnes m'invitaient vraiment à faire partie de ce mouvement circulaire qui allait de l'une à l'autre, sans interruption, depuis toujours. Je pressentais que si une seule Personne m'avait regardée depuis le tableau, monade parfaite dans son inaccessibilité, cet élan d'amour n'aurait pas eu lieu, car, ne disposant pas du naturel mystique de sainte Thérèse, je n'aurais pas été capable de l'accueillir de manière égale : la seule relation que je me serais permise aurait été contemplative et unilatérale.

Le chiffre un rend seul·es. Si les sujets avaient été deux, ils auraient réservé leur amour l'un pour l'autre et l'auraient gardé pour eux, dans un jeu de ricochets intimes qui vous fait vous sentir de trop, même quand vous l'observez chez des couples amoureux. Le chiffre deux exclut. C'était le chiffre trois le pivot, car il introduisait la nécessité de l'inclusion et imposait le déplacement constant du regard : tout sujet de la Trinité dans cette œuvre doit toujours avoir à l'esprit les deux autres. Il les aime tous les deux, non pas chacun à son tour, ni selon une hiérarchie, mais de manière égale. Chaque Personne de la Trinité reçoit simultanément l'amour de deux Personnes distinctes et ce n'est pas le même amour, ce sont deux amours différents qui évoluent en un crescendo vertigineux d'échanges réciproques. Dans la peinture de Roublev, ce flux est en parfait équilibre esthétique et permet à l'ensemble d'en sortir, non pas additionné, mais multiplié, émettant une lumière contagieuse qui inspire la paix, le calme et surtout la certitude que Dieu n'est pas simplement une Personne, mais une communion indivisible de personnes.

La subjectivité multiple que les figures expriment ensemble et celle qu'elles demandent en réponse sont quelque chose de si nouveau et différent par rapport à l'organisation de nos relations qu'elles renversent les schémas que nous nous sommes forcé·es à interpréter pendant des siècles.

Comment Roublev a-t-il fait pour peindre cette icône colossale ? D'où vient un contenu aussi révolutionnaire ? C'est un génie de l'art, certes, mais cela n'explique pas tout. Il est tout aussi vrai qu'il a pu puiser dans une théologie qui avait déjà développé certaines prises de conscience de façon étonnamment articulée. La théologienne féministe Teresa Forcades l'a rappelé en citant les conclusions auxquelles Hugues de Saint-Victor était déjà arrivé au XIIe siècle :

> L'amour a besoin d'au moins trois personnes pour se réaliser complètement, car la joie la plus grande d'aimer et d'être aimé par l'autre ne peut être partagée par le « je » et le « tu » qui s'aiment réciproquement. Le « je » aime le « tu » et le « tu » aime le « je » : l'amour de l'un et de l'autre suit des directions opposées ; il y a une tension, une frustration latente et inévitable

de la communion dans l'amour du « je » pour le « tu » lorsque cet amour cherche la plénitude en lui-même, lorsqu'il se ferme, lorsqu'il exclut une troisième personne. L'expérience amoureuse du « je » et du « tu » est différente, elle ne peut être partagée. Ce n'est que lorsqu'ils aiment une troisième personne que le « je » et le « tu » partagent complètement la même expérience de l'amour, ce qui leur apporte un bonheur parfait et accomplit la dynamique intrinsèque de l'amour.

L'étonnement suscité par ces affirmations (et le feu d'artifice qu'elles font exploser dans nos têtes chaque fois qu'on les lit) n'est rien comparé aux conséquences qu'elles ont dans la vie des personnes croyantes. Si, en effet, la communion de Personnes divines, avec cette dynamique d'amour si complexe que l'on ne peut s'en approcher que par similitude, nous a réellement créé·es à son image, la question de la Trinité non seulement n'est pas abstraite et sidérale, mais elle nous concerne profondément. Celles et ceux qui m'avaient dit jusqu'alors qu'il était inutile de chercher à pénétrer, avec les limites de l'intelligence humaine, un mystère aussi obscur que celui de la Trinité, n'avaient d'une part pas respecté mon intelligence ni la leur et m'avaient d'autre part privée d'une immense richesse d'alternatives de vie, qui comprenait aussi bien mon féminisme que ma perspective queer. Il est vrai que nous ne pouvons pas tout comprendre d'une réalité aussi vaste, mais il est faux de dire que nous ne pouvons rien en comprendre. À partir de ce moment-là, je me suis fait un devoir de me demander chaque jour ce que signifie, dans ma vie, croire en une divinité qui sait aimer de cette manière, ou plutôt en une divinité qui *est* cette manière même d'aimer. Je me pose également cette question pour les familles dites « non naturelles », pour toutes les formes de procréation non strictement biologiques et pour toute relation solidaire et amoureuse qui ne peut être associée au concept étouffant de couple. Je n'ai pas encore fini de me le demander et j'espère que ce point d'interrogation, si fécond, m'accompagnera jusqu'à la fin.

Le pouvoir de tout changer

En y réfléchissant, le mystère qui me semble le plus difficile à comprendre n'est pas celui de la Trinité, mais le mystère humain en rapport à la Trinité. Je n'arriverai jamais à saisir, en effet, comment le fait de savoir que nous avons affaire à un Dieu qui est trois fois amour dans une relation non hiérarchique n'a pas renversé dès leurs fondations les liens entre les chrétien·nes. Pourquoi cela n'a-t-il pas démantelé la structure pyramidale, opposée au cercle, de la famille patriarcale, dans laquelle l'amour et le pouvoir se mêlent de façon si viscérale que la plupart des gens continuent, depuis des siècles, de confondre l'un et l'autre ? Une fois comprises les misérables conséquences d'un amour qui s'arrête au nombre deux, pourquoi celles et ceux qui pratiquent la foi en la Trinité n'ont-ils pas ouvert comme une noix le concept de couple, mais, au contraire, l'ont sacralisé avec un sacrement, le mariage, inventé de toutes pièces et hors délai ? Pourquoi une religion qui peut compter sur un patrimoine symbolique unique et original comme celui de la Trinité insiste-t-elle pour reproduire et légitimer des formes de structure sociétale qui ne correspondent en rien au souffle spirituel que Roublev a transmis dans son tableau, et qui en sont même, dans bien des cas, la négation ? À quel point les querelles pour savoir si Dieu est homme ou femme, père ou mère, se font-elles petites et stériles face à un amour pluriel et démultiplié, qui n'a besoin ni de rôles ni de genres pour faire de la place autour de lui ? Et une fois que ces marqueurs d'identité rigides ont été mis de côté, en combien et de quelles autres façons l'humanité pourrait-elle se décliner pour ressembler à un Dieu trinitaire qui mélange continuellement son identité de manière si féconde ? Quelle lumière merveilleuse aurait pu porter sur le célibat sacerdotal la prise de conscience qu'une individualité ouverte à plusieurs appartenances est plus proche de l'amour trinitaire qu'une relation exclusive à deux, exprimée par le mariage ? Quelle valeur cette communauté divine aimante et aimée, forte d'elle-même au point de pouvoir aimer tout et tous·tes sans se diviser, aurait-elle pu offrir au concept de fidélité, banalisé par nos soins jusqu'au mortifère « tu n'aimeras que moi » et son horrible trousseau de possessivité ? Cette perspective trinitaire soulève un nombre énorme de questions et exige une inversion si radicale des habitudes affectives, c'est-à-dire de la façon même dont on nous apprend qu'il est juste d'aimer, qu'elle représente une véritable rupture dans l'histoire de l'humanité, que l'on soit croyant·e ou non.

Forte de cette prise de conscience, la personne croyante et féministe non seulement ne se trouve pas dans une contradiction logique, mais hérite de la meilleure donne qu'elle pouvait espérer recevoir à la table de jeu du monde. Le féminisme, dans sa critique des institutions sociales patriarcales, telles que le mariage et le concept de famille qui en découle, était, en effet, parvenu aux mêmes conclusions qui me frappèrent en tant que chrétienne devant l'icône de Roublev. Partant de la critique du capitalisme, Engels aussi, en 1884, reconnaissait dans la famille monogame une création bourgeoise de nature non affective mais économique, dérivée du déséquilibre de pouvoir patrimonial entre hommes et femmes et directement liée au concept de propriété privée, qui allait jusqu'à englober l'épouse et les enfants. Il était évident pour moi que, même sans être croyant·e, on pouvait percevoir que le système dans lequel j'étais née et j'avais grandi était régi par la loi du pouvoir et non par celle de l'amour. Mais acquérir cette conscience en passant par Dieu offrait une perspective beaucoup plus complexe, plus révélatrice et même plus populaire que celle que je trouvais en m'arrêtant aux seuls mouvements de lutte. Puisque aussi bien Engels que les féministes ignoraient les conclusions de Saint-Victor au XIIe siècle et avaient désigné l'Église comme une structure hostile à leurs revendications, aucun d'entre eux ne songea à chercher dans la théologie les instruments pour imaginer et construire un monde plus juste. Mais les croyants et les croyantes, qui par mandat évangélique n'excluent aucune humanité possible, avaient, à l'époque comme aujourd'hui, l'avantage de pouvoir inclure dans leur perspective de foi toutes les pensées menant au même épilogue que la foi elle-même. En tant que femme, j'avais besoin du féminisme pour prendre conscience de mon statut de subordination sociale et pour combattre les injustices qui en découlaient, mais en tant que féministe, je découvrais que j'avais tout autant besoin de la Trinité ; de cette Trinité dans la contemplation de laquelle j'ai compris que les relations heureuses, d'un point de vue humain et politique, que je cherchais dans le monde trouvaient leur matrice première en l'être qui est à l'origine du monde.

Le *Credo*, qui jusqu'alors m'avait semblé être l'énonciation dogmatique d'une adhésion à l'idée du Père, du Fils et du Saint-Esprit scandé en trois temps poétiques, m'apparut pour ce qu'il était vraiment : une déclaration de foi à la Trinité tout entière, dans laquelle les spécificités individuelles de chaque Personne divine n'étaient utiles que s'il leur fallait contredire des hérétiques, donc pas moi.

Ce jour-là, je quittai la librairie d'Oristano avec quarante mille lires en moins dans ma poche et avec sous le bras une image qui me suivrait pendant trente ans, ordinaire comme tout le monde et très puissante comme seul Dieu l'est.

Au nom de l'esprit

Dans le culte populaire de la Trinité, le Père et le Fils sont très reconnus et invoqués, notamment en raison du lexique parafamilial, de l'iconographie qui permet de les visualiser physiquement, semblables à des êtres humains, et de l'existence de prières traditionnelles dédiées à l'un et à l'autre. Dans cette sensibilité dévotionnelle, le Saint-Esprit, quant à lui, reste quelque peu à l'écart, car sa Personne est difficile à imaginer, et ce qu'il fait en tant que Dieu, difficile à concevoir. Le mot même d'« esprit » porte en lui un bagage sémantique qui évoque l'anarchie et l'insaisissabilité. Est dite « spirituelle » une personne qui change votre point de vue sur la réalité au point de vous faire sourire. « Possédée par un esprit » désigne une personne qui n'est plus maîtresse d'elle-même, mais qui est contrôlée par une volonté extérieure, souvent maligne. « Esprit » fait également référence à l'alcool, mais aussi aux fantômes, qui laissent à mi-chemin entre la merveille et l'effroi. L'esprit de la Trinité a beau être « saint », il reste une Personne qui met les vierges enceintes à l'improviste, arrache les fenêtres comme un vent de tempête, tombe du ciel comme un feu vif sur les têtes des gens et leur fait dire des mots qu'ils n'auraient jamais voulu ni su dire. Difficile de lui faire confiance, encore plus de s'abandonner à lui.

L'icône de *La Trinité* de Roublev introduit dans ce paysage de méfiance une perspective différente, qui ouvre une série de nouvelles relations possibles avec l'idée tout entière de Dieu, et pas seulement celle du Saint-Esprit. Il est utile de rappeler que parmi les exégètes de l'icône, bien qu'ils soient par ailleurs divisés, personne ne doute du fait que la figure angélique de droite soit la personnification du Saint-Esprit. Les raisons principales en sont le vert de ses vêtements et sa posture. Le vert est en effet la couleur de la nature luxuriante, des bourgeons et de l'herbe, la couleur de la vie même, et du

Saint-Esprit qui dans le *Symbole* est « Seigneur et qui donne la vie ». Sa posture est cependant plus intéressante : le corps du personnage-Esprit prend une forme concave, accueillante et douce, que l'on n'hésiterait pas, dans d'autres contextes, à qualifier de « féminine », selon les canons esthétiques de l'époque (façon toujours élégante de parler des stéréotypes).

Pour comprendre à quel point cette féminité canonique est explicite, il suffirait de superposer la silhouette de l'ange à celle de Marie de Nazareth représentée par Fra Angelico dans *L'Annonciation* du Prado. Apparaîtrait alors une correspondance si parfaite qu'on pourrait penser qu'ils ont copié l'un sur l'autre, ce qui semble peu probable puisqu'ils peignirent presque en même temps, à trois mille kilomètres de distance et à une époque où la vitesse de diffusion des œuvres n'était certainement pas celle d'aujourd'hui. Lorsque les deux artistes réalisent leurs chefs-d'œuvre, ils partagent les mêmes références esthétiques, qui à l'époque ne varient pas entre l'Orient et l'Occident. Mais Roublev fait quelque chose d'extraordinairement créatif, même par rapport à ces références : contrairement à Fra Angelico, il ne représente pas une Madone, mais le Saint-Esprit. Or, il n'existe pas de modèle anthropomorphe pour la troisième Personne de la Trinité. La décision de lui donner une apparence choisie parmi celles que la peinture chrétienne attribuait à Marie est donc théologiquement détonante. C'est grâce à cet éclair de génie qu'aujourd'hui, en tant que chrétienne, je me trouve à contempler une icône de la Trinité où l'une des personnes divines a, sans l'ombre d'un doute, les traits d'une femme, avec tout ce que cela peut signifier dans un contexte où la masculinité de Dieu a été imposée pendant des siècles à travers chaque mot, chaque art et chaque liturgie.

Nous pourrions passer des heures à nous demander si Roublev a voulu inclure dans son tableau le mystère de l'Incarnation, rendre hommage à Marie et à sa relation privilégiée avec l'Esprit ou respecter l'étymologie du terme « esprit », « *ruah* », qui est féminin en hébreu ; mais aucune de ces considérations ne l'emporterait sur la force même de l'image, où le mélange d'éléments masculins et féminins est tellement sophistiqué qu'il crée un effet *genderless* même pour celles et ceux qui n'ont pas la moindre idée de la symbolique complexe qui le sous-tend. Le fait que ce soit le Saint-Esprit qui joue un rôle important dans le sous-texte est significatif, mais pas surprenant, car il s'agit de la Personne de la Trinité la moins déterminable selon nos paramètres, la plus chaotique, et sans aucun doute la plus queer au sens étymologique du terme.

Dans l'Évangile, le caractère imprévisible des actions de l'Esprit est annoncé par Jésus, précisément à travers la catégorie de la désorientation, de l'impossibilité de le circonscrire. « Le vent souffle où il veut : tu entends sa voix, mais tu ne sais ni d'où il vient ni où il va. Il en est ainsi pour qui est né du souffle de l'Esprit » (Jn 3, 8). La troisième personne de la Très Sainte Trinité est tellement hors norme que son intervention directe produit des événements révolutionnaires, avec des transitions aussi soudaines qu'improbables selon les lois de la nature. C'est à cause de l'Esprit que Marie passe du statut de vierge à celui de femme enceinte le temps d'une salutation et que les apôtres passent d'ignorants à polyglottes en une soirée. Le Saint-Esprit semble être la Personne divine la plus qualifiée pour les changements radicaux : lorsqu'il fait irruption dans l'histoire humaine, quelque chose de grand se produit. Pourtant, malgré sa force explosive, l'Esprit reste, dans les Écritures, une essence insaisissable et délicate, dont la mystérieuse puissance s'exprime plus volontiers dans le murmure d'une brise que dans le fracas d'un coup de tonnerre.

Il est un aspect qui, en tant que féministe, rend le Saint-Esprit particulièrement cher et spirituellement acceptable à mes yeux : le fait que, par sa nature même, il inspire tout le monde et ne fasse aucune distinction, soufflant là où il le veut. Les « charismes », c'est-à-dire les dons personnels de l'Esprit qui se manifestent comme des capacités spécifiques, parfois extraordinaires, comme la vertu de pouvoir accomplir des miracles, se présentent en n'importe qui. C'est l'Église ensuite qui, très tôt dans son histoire, encadrera la manifestation des charismes, en les plaçant sur une échelle d'autorité et de légitimité, afin d'éviter qu'ils ne la désagrègent. L'origine de ces comportements inspirés est en soi dépourvue de barrières, au point de pouvoir être considérée comme intersectionnelle. Dans l'histoire du christianisme, on ne compte plus les dons spirituels accordés indistinctement à des personnes baptisées ou non, étrangères ou juives, aux hommes et aux femmes, aux enfants et aux adultes, avec ou sans handicap selon la normalité reconnue. Si l'on ne considère que les cas de prescience, il est utile de rappeler que Moïse a reçu le don de la prophétie alors qu'il était bègue, et que ce même charisme, quoique dans une autre mesure, a été accordé à son frère Aaron et à sa sœur Myriam, au point qu'on pourrait dire que la prophétie coule puissamment dans leur famille, sans différence de genre.

Dans le *Credo*, nous énonçons que le Saint-Esprit a parlé par les prophètes, mais le masculin comme marqueur du neutre ne doit pas effacer le fait que les femmes aussi ont prophétisé par l'Esprit. Rien que dans l'Évangile – en commençant par Anne, quatre-vingt-quatre ans, qui accueille Jésus au temple le huitième jour, jusqu'à Marie qui, dans le chant du *Magnificat*, est suffisamment visionnaire pour annoncer que

« désormais tous les âges me diront bienheureuse » –, il est indéniable que lorsque l'Esprit a quelque chose à dire, il le fait par l'intermédiaire de qui il veut. La figure apparemment calme et paisible, qui dans l'icône de Roublev permet la circulation du mouvement d'amour du Père au Fils, cache un potentiel subversif énorme, qui ébranle toute prétention d'ordre établi ou de dogmatisme. Le concept chrétien de l'Esprit saint, en autorisant chez quiconque la pleine subjectivité et l'expression du charisme reçu personnellement, est un activateur « naturel » des processus d'*empowerment*. Il empêche que le pouvoir, social comme religieux, étouffe la possibilité d'être jugé, combattu et, si nécessaire, renversé. L'*empowerment* n'est jamais un processus sans douleur. L'Église a une longue et tumultueuse histoire avec les charismatiques, tout comme Israël avec ses prophètes pendant des siècles. Si, devant le Père et le Fils, nous nous plaçons intérieurement comme des enfants obéissant·es et comme des frères et sœurs sauvé·es de la triste fin de l'exclusion éternelle, nous sommes devant l'Esprit saint des sujets spirituels adultes, invités non seulement à nous confier, mais aussi à écouter la voix de Dieu en nous et à agir en conséquence « avec tous les oints », c'est-à-dire en tant que personnes consacrées dans l'Esprit. C'est la porte ouverte à la mythomanie, certes, mais c'est un risque que nous pouvons prendre si c'est aussi la porte par laquelle passe la liberté.

Jésus, celui qui a un corps

Avant ma rencontre avec *La Trinité* de Roublev, je peux affirmer avec certitude avoir été chrétienne, mais pas trinitaire. Une définition comprend l'autre, me dira-t-on, mais ce n'est pas tout à fait exact d'un point de vue symbolique. Je connais vraiment peu de personnes qui ne sont pas, d'une certaine manière, fascinées par Jésus, et il est facile d'expliquer pourquoi on ressent une plus grande familiarité à son égard : en plus des nombreuses choses qu'il a dites et qui peuvent toucher positivement toute intelligence, Jésus a un corps, et cela est inéluctable. Le fait que le Fils immanent de la Trinité se soit incarné est captivant pour l'être humain, mais cela l'est encore plus pour un·e féministe, car l'expérience politique du féminisme part précisément de la conscience de la discrimination qui découle du fait d'être née avec un corps de femme. Notre expérience d'exclusion est vraie, parce que nos corps exclus sont vrais. Sans les corps sexués des femmes, le féminisme n'existerait pas.

Le corps porte également en lui une charge d'authenticité dans le christianisme même, car l'idée d'un Dieu avec une chair et des limites est tellement folle d'un point de vue narratif qu'elle ne peut qu'être vraie. Jésus-Christ « engendré non pas créé, de même nature que le Père » serait une très mauvaise amorce de série religieuse. Personne ne l'inventerait de toutes pièces s'il voulait fonder une religion avec une quelconque chance de succès, et encore moins un groupe de Galiléens qui auraient grandi en chantant deux fois par jour cet hymne au monothéisme radical qu'est le *Shema Israel.* C'est pourquoi le passage du *Credo* que je préfère est la phrase « Il a pris chair de la Vierge Marie ». Et je n'ai jamais compris pour quelle raison on se réfère à Jésus-Christ en l'appelant le Ressuscité et non l'Incarné, ce qui me semble bien plus pertinent à prendre en compte. La Résurrection ne m'a jamais causé le moindre doute de foi : ressusciter des morts est un superpouvoir, et n'importe qui serait légitimement déçu si son Dieu ne l'avait pas. Pour la même raison, je ne suis pas étonnée par les miracles et les signes qui semblent venir renverser les lois de la nature, car je ne suis pas une incrédule : je m'y attends, qu'ils soient grands ou petits. Le fait qu'ils puissent avoir lieu n'augmente cependant pas ma foi, de même qu'elle ne diminue pas si je ne les vois pas. Je suis au contraire particulièrement reconnaissante envers Dieu pour sa discrétion, que je préfère largement à l'arrogance d'imposer une vérité indiscutable. Chercher est un processus bien plus intéressant que de trouver.

L'événement auquel il est, il me semble, le plus difficile de croire dans la foi chrétienne est justement l'Incarnation, car il faut accepter que Dieu adopte volontairement un sous-pouvoir et accepte de se diminuer pour rencontrer les êtres humains. Ne pouvant pas, nous, nous élever jusqu'aux cieux, la relation n'est possible que si Dieu lui-même descend embrasser les limites de notre condition. L'épisode des trois messager·es divin·es avec Abraham et Sarah a été possible parce que ces dernier·es se sont présenté·es aux chênes de Mamré sous une apparence physique tangible, suffisamment charnelle pour qu'on puisse même leur offrir un déjeuner. C'était une occasion symbolique très importante pour tenter d'imaginer un Dieu-communauté, mais aucune autre religion monothéiste n'a jugé ce passage nécessaire ; au contraire, toutes se sont empressées de l'exclure, car l'hypothèse d'un Dieu doté d'un corps semblait insensée. Ce bref moment à Mamré reste un prélude à ce qui ne sera définitif que dans le christianisme : l'adoption par le divin non pas de l'apparence, mais de la nature humaine, de sa chair et de l'inévitable finitude qui en découle.

L'existence du corps du Christ est donc une donnée cruciale pour mon corps de femme ; mais si pour lui la chair est le lieu de la rencontre, pour moi, c'est aussi celui de l'affrontement. La société machiste dans laquelle je vis a toujours pratiqué un contrôle sur les corps, en le justifiant par leur différence biologique. Les femmes, du moins lorsqu'elles entreprennent un parcours féministe, savent que leur corps est le premier champ de bataille contre le patriarcat, qui cherche à le revendiquer comme une propriété collective, un domaine public à réglementer et à surveiller sous tous ses aspects : esthétique, éthique, reproductif. Celles qui cherchent à s'émanciper de ce contrôle commencent par repenser symboliquement le corps, le leur comme celui des autres, et à redéfinir le rapport aux corps masculins. Dans le patriarcat et dans son évolution la plus efficace et la plus contemporaine, le capitalisme, il y a des corps légitimes et des corps ratés, des corps désirables et des corps indésirables, des corps moraux et des corps obscènes, des corps violables et des corps saints, avec des droits et sans droits, des corps marchands et des corps sacrés, valides ou défectueux, racialisés, et quoi qu'il arrive, toujours soumis à l'évaluation de tiers. Dans le patriarcat, les corps libres ct individuels des femmes n'existent pas, ils n'y sont pas prévus. Même les hommes qui embrassent la pensée féministe doivent repenser la manière dont leur propre corps peut entrer en relation avec ceux des autres sans reproduire des mécanismes d'oppression ou contraindre (et se contraindre) à des rôles prédéfinis. C'est pourquoi je ne saurais que faire d'une religion qui ne sauve pas aussi les corps. Pour celles et ceux qui croient en Jésus, le parcours qui consiste à repenser et à se réapproprier le corps peut s'avérer étonnamment facile, notamment en comparaison avec les philosophies spirituelles orientales qui enseignent à se détacher des exigences corporelles : ni le féminisme ni le christianisme n'existent de façon désincarnée. Au contraire, Jésus lui-même n'existerait pas sans le corps de Marie qui – et ce n'est pas un hasard – est nommé dans le *Credo* comme un élément de foi. Le fait que le Christ éternel ait choisi d'entrer dans l'histoire avec un corps spécifique et à travers l'expérience de la naissance d'une femme demeure l'une des caractéristiques propres à la foi chrétienne. On me rétorquera que le Nazaréen était sexué, masculin et non féminin, mais il s'agit d'un faux problème résolu par Jésus lui-même, qui a toujours traité sa chair comme la synthèse de celle de tous·tes.

Dans le célèbre passage des œuvres de miséricorde corporelle – rendre visite à celles et ceux qui se trouvent en prison, nourrir celles et ceux qui ont faim et soif, habiller celles et ceux qui sont nu·es, se rendre auprès des malades, accueillir les étranger·es et enterrer les morts –, Jésus l'exprime clairement : chaque fois qu'un de ces gestes est effectué sur le corps de quelqu'un·e, il l'est en fait sur le sien (Mt 25, 40). Le corps de Jésus est à la fois un corps personnel et un lieu mystique collectif, écho de la synthèse que saint Paul évoquait aux Galates en disant qu'il n'y a plus ni juif ni grec, ni esclave ni homme libre, ni homme ni femme, « car tous, vous ne faites plus qu'un dans le Christ Jésus » (Ga 3, 28). Le corps est donc nécessaire comme espace spirituel dans le christianisme catholique, où les sacrements sont des actions des corps sur des corps, mais il est aussi nécessaire comme espace politique du féminisme, qui part de la libération du corps pour libérer le reste.

Tout est clair, en apparence, mais c'est là que la Trinité révélée par Roublev introduit une différence qui ouvre encore davantage la perspective. Jusqu'au moment où j'ai vu cette œuvre, la Divinité trinitaire m'avait semblé moins compréhensible que la dimension charnelle de Jésus. Je la voyais comme quelque chose d'abstrait et de lointain, une entité résolue en elle-même que je ne pouvais que contempler. La prise de conscience que la relation interne à la Trinité était un cercle ouvert et inclusif fut si puissante qu'elle me força à reconsidérer ce qu'auparavant j'avais considéré comme indestructible. Le concept d'un Dieu si fortement relationnel me semblait plus convaincant que la perspective de la transcendance de l'Être unique très parfait, Créateur et Seigneur de ceci et de cela, que j'avais balbutié au catéchisme. Il y avait quelque chose d'intime dans cette Trinité, mais l'idée d'intimité avec Dieu s'opposait à celle de la sacralité qui appartient à toute religion qui vénère une entité personnalisée. Au fond, il est beaucoup plus compréhensible de vouloir imaginer la divinité comme quelque chose de radicalement éloigné de soi, car ce n'est pas par quelqu'un d'égal à soi que l'on peut s'attendre à être sauvé·e. L'inaccessibilité du divin, la conception du mystère, la notion de sacré comme séparé de l'humain sont ce qui pousse à plier le genou devant un autel, à se rapetisser pour mieux exalter la magnificence de l'être adoré.

Moi, au contraire, je n'arrivais pas à détacher ma pensée de la table trinitaire dressée pour quatre, avec une place vide juste devant moi, comme une invitation à m'asseoir. Comment était-il possible que la Trinité, une réalité aussi abstraite, faite de purs esprits, si difficile à expliquer même dans la prédication paroissiale, au point que l'on choisissait souvent simplement de ne pas même l'évoquer, m'ait transmis un sentiment très profond de familiarité ? Que manquait-il encore à la perspective d'une foi du corps, comme la foi en Jésus-Christ, qui est de la même substance que le Père et en même temps que la mienne ?

Le risque d'une religion du corps est le même que celui que court un féminisme du corps. Lorsque nous parlons de féminisme, nous ne nous référons pas à un phénomène homogène et monolithique, mais à une pensée qui regroupe, en elle-même, une constellation de parcours, certains convergents, certains parallèles et d'autres orientés vers des directions opposées. Il est donc plus correct de raisonner en pensant « féminismes » que « féminisme ». Dans cet ensemble de mouvances, selon moi toutes nécessaires y compris celles que je n'approuve pas, une partie importante a vu le jour, dans les années 1970, sous le nom de « féminisme de la différence », mais il me semble aujourd'hui plus judicieux de l'appeler « féminisme du corps », au regard de l'évolution de ce courant de pensée au cours des deux dernières décennies. Lié à une idée du maternel qui frôle le mystique, le féminisme du corps se positionne de manière critique, ou hostile par rapport à l'avortement et à la gestation par autrui, situations dans lesquelles la volonté des femmes devrait être l'élément décisionnel, mais qui semble, au contraire, ne pas suffire. En rendant symbolique (donc, d'une certaine manière, sacré) le corps féminin en tant que tel, le féminisme du corps refuse de considérer la prostitution libre comme un travail, et remet ainsi en question la conscience et la liberté des femmes qui la pratiquent. En reconnaissant comme seule altérité celle qui découle du sexe biologique, le féminisme du corps pose un énorme problème d'inclusion, non seulement pour les femmes trans, qui partent d'une expérience corporelle masculine, mais aussi pour celles et ceux qui ont choisi d'adopter la perspective queer, cette pratique du seuil dans laquelle la sexualité non seulement ne coïncide pas avec l'identité, mais peut même la limiter. Un tel type de féminisme peut facilement conclure des accords avec les appareils religieux, et l'a d'ailleurs fait avec succès par le passé. La lettre apostolique de Jean-Paul II consacrée à la question des femmes dans l'Église, *Mulieris dignitatem*, doit une grande partie de son cadre philosophique au féminisme de la différence (ou plutôt, du corps) qui, même sans le vouloir, a fini par fournir à la hiérarchie ecclésiastique les outils pour produire, sur le plan doctrinal, le concept de « génie féminin », notion qui réaffirme la subordination de fait des femmes en la faisant passer pour une spécificité extraordinaire. L'association du féminisme et du christianisme, lorsqu'elle a pour seul terrain de convergence le corps, ne libère presque jamais les femmes.

La réflexion du féminisme du corps a mal vieilli. Nous pouvons le dire sans minimiser en rien le mal que se sont donné les femmes nées avant nous pour ouvrir les voies que nous empruntons aujourd'hui. La raison en est que, depuis trente ans au moins, la question du corps a cessé d'être totalisante dans la détermination de la construction des expériences relationnelles et des identités individuelles. La technologie a provoqué un bouleversement fondamental, elle a modifié notre façon d'être ensemble en dématérialisant nombre de nos interactions et en nous obligeant à redéfinir ce que nous entendons par « contact ». Un second changement de paradigme, plus récent mais destiné à durer, a été imposé par la pandémie de Covid-19, qui nous a violemment rappelé que « contact » et « contagion » vont de pair et que la rencontre avec le corps d'autrui comporte une part de danger pour le nôtre. La combinaison de ces deux facteurs historiques désoriente, car nous sommes habitués à penser que le corps porte en lui un statut de vérité et que tout ce qui n'est pas vérifié par les sens est faux.

Depuis des années, nous entendons répéter que nous vivons dans un monde où l'authenticité n'existe plus, parce que la proximité physique s'est réduite, que les regards se croisent par écran interposé et que nous avons renoncé à nous toucher. Les personnes nées à l'ère analogique et qui sont, de fait, analphabètes face aux nouveaux langages, n'ont pas hésité à dénigrer les outils numériques, les qualifiant d'aliénants, d'abrutissants, de déshumanisants, de berceaux stériles d'une génération de zombies incapables de se concentrer sur quoi que ce soit pendant plus de cinq minutes. Au fur et à mesure que la révolution technologique impliquait de plus en plus de gens et que les outils multipliant les expériences de relations médiées se répandaient, le conflit entre le virtuel et le réel a alimenté des conversations au ton de plus en plus hostile. La perception des potentialités du numérique et de la manière dont celui-ci transforme aujourd'hui notre façon d'apprendre, de nous rapporter aux autres et d'interpréter la réalité diffère selon l'âge. D'un côté, il y a l'enfant de quatre ans qui cherche à élargir avec ses doigts l'image qu'il voit dans le journal : pour lui, c'est une tablette qui ne fonctionne pas. De l'autre, il y a le commentateur septuagénaire qui condamne, irrité, les nouveaux moyens technologiques dans un éditorial truffé de « à mon époque » et agrémenté de l'exaltation romantique de la prétendue chaleur des « vraies » rencontres, les rencontres physiques, les yeux dans les yeux, en opposition à la froideur de l'écran qui reproduirait l'illusion du contact, nous empêchant de connaître véritablement les gens.

Je crains que, dans beaucoup de dîners de famille, on fasse encore le procès moralisateur des adolescents qui ne lâchent pas leur smartphone et qu'on accuse de préférer les réalités virtuelles aux échanges « authentiques » avec leurs parents. Plus récemment, la critique de la technologie appliquée aux relations s'est déplacée vers la distanciation imposée pour limiter la circulation du virus : selon la vision mystique du corps, le travail à distance ne serait pas un véritable travail, car le corps ne quitte pas le domicile pour rejoindre d'autres corps dans un lieu prévu pour, et l'école à distance ne serait pas une vraie école, car la socialisation qui passe par les corps ne peut être remplacée par l'apprentissage à distance. Bien que consciente des contradictions de cette nouvelle situation, je vis dans ce temps et j'aime les défis qu'il nous lance. C'est dans un monde de moins en moins corporel que se développent mes relations, que naissent mes besoins de lutte et que se réalisent les espoirs que je cultive en tant que femme et en tant que croyante.

Étant entendu que le corps de Jésus est le centre de la révélation chrétienne, et à une époque où nous rencontrons moins de corps mais plus de personnes, que signifie croire en la Trinité, c'est-à-dire en un Dieu qui est trois personnes et aucun corps ? Et de quelle manière mon féminisme, qui a un besoin, même idéologique, du corps, peut-il coexister avec une société posthumaine qui a de moins en moins besoin des corps pour définir l'authenticité des expériences ?

« Tyrone Power me fixe »

Pour comprendre comment la rencontre avec la Trinité peut générer une expérience concrète, capable de changer la perspective des relations de toute une vie, il n'est pas nécessaire de recourir à la théologie : la technologie suffit. Je pense à ma grand-mère, née en 1904, et à sa réaction face à l'arrivée de la télévision, qui la trouva déjà âgée, du moins selon les critères de l'époque. L'appareil avec lequel elle a vécu pendant les vingt années qui suivirent est toujours resté pour elle un mystère, et même le fait de pouvoir l'allumer et l'éteindre n'a jamais supprimé en elle la surprise enfantine de le voir bel et bien s'allumer et s'éteindre. Ma mère et ma tante m'ont raconté que, la première fois que ma grand-mère a vu l'acteur Tyrone Power poser son regard droit vers la caméra dans le film *Arènes sanglantes*, elle a réagi avec la timidité de quelqu'un qui sent sur lui le regard d'un étranger envahissant et, au milieu des rires de ses filles, elle a murmuré, en se couvrant le visage d'un coin de son mouchoir : « Cet homme me fixe, dites-lui d'arrêter. »

Ma grand-mère ne le savait pas, mais elle avait vécu là une expérience à laquelle quelqu'un avait donné un nom en 1956 : « interaction parasociale ». Ses théoriciens la définirent comme le « simulacre d'un échange familier » : l'expression est obscure, mais elle signifie en pratique que les téléspectateurs sont essentiellement des mythomanes, persuadés d'avoir un lien personnel et direct avec celles et ceux qui apparaissent à l'écran, même s'il est évident que cette relation n'est pas réciproque. Cette définition, dans une lecture laïque, pourrait également comprendre l'expérience spirituelle dans laquelle la personne croyante est convaincue d'avoir avec Dieu, ou avec les saints, une relation d'écoute réciproque. La même logique peut être d'ailleurs appliquée à toute personne rendant visite à un proche défunt au cimetière et s'entretenant avec sa pierre tombale. Je ne pense pas que la sensation décrite par le protagoniste de *L'Attrape-cœurs* de J. D. Salinger soit différente : après avoir lu un roman très prenant, il voit en l'auteur un ami et a envie de l'appeler pour le lui dire. Les interactions parasociales sont des amitiés imaginaires et, dans l'esprit humain, elles peuvent être infinies et s'étendre même aux amis considérés comme réels, dès lors qu'ils ne sont pas traités en fonction de ce qu'ils sont, mais selon l'image que l'on se fait d'eux. « Chacun ne grandit que s'il est rêvé », aimait dire le grand pédagogue Danilo Dolci, mais nous savons tous·tes par expérience que, lorsque les rêves des autres et notre réalité ne coïncident pas, quelqu'un·e finit souvent déçu·e.

Le point faible du concept d'« interaction parasociale » est qu'il est ancien et qu'il ne peut décrire, au mieux, que l'expérience de ma grand-mère. Il a été formulé, en effet, avant la naissance d'Internet et des réseaux sociaux horizontaux, qui sont toujours connectés, alors que le téléviseur était appelé « émetteur », car la communication ne se faisait que dans un sens, et le flux ne pouvait être inversé. Ce mouvement, la télévision l'effectue encore, bien sûr. Contrairement à l'expérience du théâtre qui exige le « nous, ici et maintenant », le personnage à l'écran exécute sa performance sans avoir la moindre idée de qui ou de combien de personnes le suivent de chez elles et dont il ne peut avoir aucun feed-back instantané. À l'exclusion des émissions en direct, la simultanéité fait également défaut à la télévision : de nombreux programmes sont enregistrés en différé et, dans ce cas, l'effet d'interaction se révèle encore plus trompeur.

Tout cela est-il encore vrai maintenant que chacun·e d'entre nous est en mesure de diffuser en direct sur n'importe quelle plateforme sociale et de recevoir immédiatement le feed-back de celles et ceux qui la regardent ? D'un point de vue formel, la passivité dans la communication n'existe plus, et les algorithmes mêmes des réseaux sociaux fonctionnent sur la base des comportements de réponse : ils sélectionnent les contenus, utilisateur par utilisateur, en fonction du nombre d'interactions qu'ils sont susceptibles de générer. Dans quelle mesure pouvons-nous encore nous permettre de définir comme illusoire une communication qui repose sur une réponse aussi directe et immédiate ? La présence d'un dispositif qui filtre le contact entre les corps suffit-elle vraiment à rendre une expérience illusoire ? Le grand malentendu de ce raisonnement est précisément d'utiliser le mot « illusion », c'est-à-dire l'idée que non seulement la télévision, mais tous les moyens de communication de masse produisent des expériences fausses et génèrent une erreur de l'esprit qui vient altérer la réalité. Il existerait donc une réalité objective qui peut être modifiée par une tromperie de perception.

Il ne faut, en somme, pas faire confiance aux moyens de communication, car le réel est une chose et le virtuel en est une autre. Mais si l'on parle du Dieu trinitaire, c'est-à-dire de la relation avec une entité transcendante qui ne peut être vérifiée par les sens, tout est, en théorie, virtuel. La foi est une pure virtualité. Est-ce que cela signifie qu'elle n'est pas vraie ? Pour moi, adepte de jeux de rôle qui interagit numériquement sur tous les appareils possibles, mais surtout lectrice, la réponse est non. Je n'ai pas besoin de convoquer les nombreuses études de neurosciences sur ce sujet pour avoir la confirmation que l'imagination immersive génère dans le cerveau les mêmes réactions que l'expérience sensorielle. Toute expérience qui déclenche un changement chez la personne qui la vit est réelle, c'est-à-dire qu'elle produit des effets de réalité. Quant à l'échange de messages avec un ami ou à la conversation que l'on suit sur une plateforme numérique, ils peuvent ainsi être beaucoup plus authentiques que la phrase toute faite que votre mère, de chair et d'os, vous répète à table en vous tendant les pommes de terre cuites au four. Le trouble de ma grand-mère devant le gros plan de Tyrone Power est lui aussi réel, tout comme l'excitation provoquée par un échange de sextos avec un inconnu un dimanche après-midi. De même, peu importe si quelqu'un·e déclare une maladie imaginaire si sa perception de la douleur est concrète. Qui décide de l'authenticité d'une expérience ?

Si la marque de fabrique de l'illusion est la non-vérifiabilité, alors personne n'habite une réalité illusoire, car le médium de toute expérience est notre propre subjectivité. Si les sujets qui partagent un certain contexte sont nombreux, leur échange permettra peut-être d'établir des versions similaires, mais ne créera pas de réalité unique et objective. Toute distinction entre réel et virtuel, quand il s'agit de l'intériorité des personnes, est donc avant tout inutile, car elle empêche de comprendre l'autre et ne génère aucune rencontre. En second lieu, elle est néfaste, car elle établit une hiérarchie de valeurs entre les expériences en séparant les vraies des fausses, indépendamment même de ce qu'en pensent celles et ceux qui les ont vécues.

Il est merveilleux d'habiter une époque où les corps individuels cohabitent avec la multiplicité des identités numériques de chacun·e qui souvent les dépassent. Les avatars, les pseudos et les profils sociaux, en particulier lorsqu'ils produisent chez les autres une expérience de nous qui excède les limites de notre corps, multiplient notre vérité, car ils mettent en scène, avec un effet de réalité, ce que nous pourrions être dans des conditions différentes. Je trouve toujours déconcertant quand quelqu'un me dit : « Il ne faut pas croire tout ce que l'on voit sur les réseaux sociaux, car souvent ça ne correspond pas à la réalité. » Le problème de l'authenticité n'est pas de comprendre dans quelle mesure mon profil correspond à la réalité, mais dans quelle mesure la réalité présumée me correspond vraiment à moi, à ce que je suis.

Si une personne porteuse d'un handicap crée une identité numérique sans handicap et noue des relations, produit-elle une réalité faussée ou envisage-t-elle une réalité plus authentique par rapport à elle-même ? Si une personne appartenant à une ethnie racialisée s'invente une identité numérique grâce à laquelle elle établit des liens avec des personnes qui, autrement, n'entreraient jamais en contact avec elle, ment-elle ou produit-elle une distorsion créative dans la société raciste dans laquelle elle vit ? Si une femme née dans un corps masculin contourne la dysphorie de genre avec une identité numérique qui correspond au genre dans lequel elle se reconnaît, peut-on parler de tromperie ou nous trouvons-nous face à une réalité plus sincère ? De la réponse à ces questions dépend une grande partie de notre capacité à rester humain·es dans les domaines de plus en plus posthumains que nos vies traversent déjà. La foi aussi, en tant qu'expérience de rencontre avec Dieu et avec les autres, doit faire face à la multidimensionnalité, et c'est là que la quatrième place à table de l'icône de Roublev devient une promesse d'accueil pour toutes les identités possibles, même celles pour lesquelles la chair n'est plus suffisante. L'expérience de foi christologique couvre toute la vérité du corps, mais l'expérience de la spiritualité trinitaire a la force de maintenir l'authenticité de ce que le corps ne peut atteindre ni interpréter.

Le Messie queer

Ma dette chrétienne et féministe envers *La Trinité* de Roublev ne consiste pas seulement en la réconciliation avec l'idée du Père et en la découverte du potentiel de l'Esprit. La figure du Fils, donc de Jésus, en sort également renouvelée, révélant des clés de lecture qui auparavant auraient été impensables. Chaque fois que, dans les pages de ce livre, j'ai utilisé l'expression « pratique du seuil » en référence à la perspective queer, j'avais en tête Jésus dans un certain passage de l'Évangile, dont je n'ai saisi la force symbolique qu'à la lumière des prises de conscience auxquelles je suis parvenue par l'exercice conjoint du militantisme et de la foi, non pas au-delà de leurs contradictions, mais à l'intérieur de celles-ci.

Dans ce passage, Jésus est quelqu'un qui porte un secret, qui le garde depuis trois décennies et ne veut toujours pas le dire. Un secret et pas des moindres : il n'est autre que le Christ promis par les prophètes. L'époque à laquelle vit Jésus est malheureusement celle où Israël s'attend à ce que le Messie arrive d'un moment à l'autre. Aux environs de l'an zéro, la prophétie de Daniel doit en effet se réaliser : il a prédit cinq siècles auparavant que le Messie arriverait dans « soixante-dix semaines d'années » et serait annoncé par une étoile. Cette attente génère un attroupement de christs mythomanes à chaque coin de rue. Le secret de Jésus est la fanfaronnade de tous. Souvent, les différents aspirants au titre de sauveur d'Israël ont reçu à la naissance un nom glorieux, avec lequel leurs parents espéraient appeler la prophétie. Ils se comportent comme des personnages d'un film des Monty Python, se présentent aux portes de Jérusalem et organisent des révoltes contre les Romains qui finissent toujours étouffées dans le sang. La dernière aura lieu en 135 après Jésus-Christ et sera l'œuvre de celui que l'on avait nommé Shimon bar Kokhba, « Simon le fils de l'Étoile », à la naissance. Elle se terminera très mal, en privant les Juifs de toute aspiration à la souveraineté. C'est cependant dans les jours de Jésus que l'attente est à son comble, et il n'est pas facile de reconnaître l'authentique Messie dans cette foule d'oints du Seigneur ; entre Jésus et Barabbas, « fils du Père », le peuple aussi se méprendra, trompé par un énième nom manquant d'humilité.

Jésus, de son côté, ne facilite pas l'identification : il est vrai qu'il accomplit des miracles et a joui de l'investiture de Jean le Baptiste, mais son comportement et ses paroles sont trop à contre-courant pour être reconnus comme légitimes par les anciens de sa communauté religieuse, dont il ne cherche d'ailleurs pas à s'attirer les grâces, critiquant en public leur hypocrisie avec très peu de diplomatie. Jésus est le Messie et en même temps il n'est pas le Messie que tous·tes attendent. Il est le roi d'Israël, mais il tient à préciser à Ponce Pilate que son royaume n'est pas de ce monde, et dans sa prédication, il affirmera tour à tour que ce royaume ressemble à un grain de moutarde, à un arbre luxuriant, à un trésor caché dans un champ, à un filet jeté dans la mer, bref, à tout sauf à une puissance territoriale telle que la conçoivent ses contemporains. Jésus est un Messie queer au sens véritable du terme, c'est-à-dire un personnage excentrique, inhabituel, et dans l'étymologie originale allemande, également un Messie « de travers », en diagonale par rapport aux lignes droites tracées par la société théocratique dans laquelle il vit. Ce n'est pas un hasard s'il ne s'attribue jamais ces titres de sa propre initiative et met en garde ses disciples à ce sujet. Il n'y a pas une seule ligne de l'Évangile où il affirme être le Christ. Il préfère utiliser des images, qui peuvent d'ailleurs toujours être sujettes à interprétation, et dans ces marges d'interprétation, s'ouvrent des chemins directement liés à notre présent.

L'une des images les plus intéressantes pour quiconque cherche à mettre en œuvre des pratiques féministes et queers dans sa vie est celle de la porte, qui n'a jamais connu de fortune pastorale particulière dans le catholicisme, ni même dans l'iconographie, mais qui s'avère essentielle pour qualifier la foi en Jésus comme une pratique du seuil.

> C'est pourquoi Jésus reprit la parole : « Amen, amen, je vous le dis : Moi, je suis la porte des brebis. Tous ceux qui sont venus avant moi sont des voleurs et des bandits ; mais les brebis ne les ont pas écoutés. Moi, je suis la porte. Si quelqu'un entre en passant par moi, il sera sauvé ; il pourra entrer ; il pourra sortir et trouver un pâturage. Le voleur ne vient que pour voler, égorger, faire périr. Moi, je suis venu pour que les brebis aient la vie, la vie en abondance » (Jn 10, 7-10).

Lorsque Jésus se définit de manière si obscure, « je suis la porte des brebis », le contexte dans lequel il se trouve n'est pas serein. Il est à Jérusalem pour la fête de la Dédicace du Temple et, après avoir prononcé ces mots, il subira une forte pression de la part de certains dans l'assemblée qui chercheront à lui faire révéler qu'il est le Christ :

> Les Juifs firent cercle autour de lui ; ils lui disaient : « Combien de temps vas-tu nous tenir en haleine ? Si c'est toi le Christ, dis-le-nous ouvertement ! » (Jn 10, 24).

Jésus sait parfaitement qu'ils le lui demandent afin d'avoir des éléments contre lui et il refuse de faire son coming out en tant que Messie : cela met ses ennemis dans une rage folle, car ils se trouvent dans la position frustrante de ne pas pouvoir nier les miracles que Jésus accomplit, mais de ne pas savoir non plus comment associer son pouvoir à une catégorie qu'ils reconnaîtraient et qu'ils pourraient donc contrôler. La rage que provoquent ses tergiversations monte à tel point que Jésus subit une tentative d'assassinat par lapidation, puis de séquestration. Dans le meilleur des cas, elle visait à le conduire devant les anciens et à le faire condamner pour le blasphème de s'être déclaré fils de Dieu et dans le pire, à le tuer en cachette de la foule. Il échappe à ses assaillants en traversant le Jourdain et en se rendant avec ses disciples en Galilée, un lieu sûr pour lui, en attendant le moment le plus propice pour revenir à la vie publique. Malheureusement, alors qu'il se trouve à l'abri, un événement l'amène à revenir en Judée : son ami Lazare, chez qui Jésus est considéré comme un membre de la famille, tombe malade et meurt. Aller rendre visite aux sœurs de son ami en deuil est une décision qui ne plaît pas aux disciples, conscients que la

Judée est pour Jésus (et pour eux) un endroit où ils risquent leur vie.

> Puis, après cela, il dit aux disciples : « Revenons en Judée. » Les disciples lui dirent : « Rabbi, tout récemment, les Juifs, là-bas, cherchaient à te lapider, et tu y retournes ? » (Jn 11, 7-8).

Les disciples galiléens, au contraire de ses adversaires juifs, lui demandent de rester à couvert, en sécurité, de ne pas se révéler au monde, de demeurer dans un état de suspension où personne ne risque rien, avec comme perspective de continuer à faire le Messie local, *in the closet*, dans la petite Galilée, loin du pouvoir religieux et politique de l'Israël de ces années-là. C'est une danse territoriale, une partie de Risk faite d'avancées et de retraites stratégiques, où il y a un dedans et un dehors, un espace *in* et un espace *out*, un lieu sûr où l'on cst protégé et un lieu dangereux où l'on est exposé. Au milieu coule le Jourdain, ligne fluide qui marque la frontière naturelle entre, d'un côté, le territoire où l'on peut être tué si l'on se dévoile et, de l'autre, celui où l'on peut continuer à vivre tant que l'on reste voilé.

C'est dans cette géographie compliquée que Jésus choisit de raconter la vie d'un troupeau de brebis. Ce n'est pas la première fois que cela arrive, les références pastorales sont nombreuses dans sa prédication, mais d'habitude, elles sont plus compréhensibles, car Il est toujours le berger. Dans ce cas précis, en revanche, la comparaison est énigmatique, puisque Jésus se définit comme la « porte des brebis ». Qu'est-ce que la porte des brebis ? Dans le contexte juif du Ier siècle, cela concerne de nombreuses choses, notamment l'une des huit portes des murs de Jérusalem, celle par laquelle on conduisait au temple les animaux destinés au sacrifice. Cependant, nous ne vivons pas aujourd'hui dans la Jérusalem de l'an zéro et nous ne sommes pas tenu·es d'en connaître le plan quand nous lisons l'Évangile. Pour nous, la phrase indique simplement le seuil de l'enclos d'une bergerie, la ligne qui sépare l'*in* de l'abri de l'*out* du pâturage, la frontière entre le lieu protégé et le lieu sauvage. Dans la bergerie, il y a le repos, le sommeil tranquille, les brebis côte à côte qui se réchauffent par leur souffle et leur pelage, les agneaux en sécurité, la protection d'une saillie rocheuse ou d'une pergola de branchages entrelacés qui atténue l'humidité de la nuit. Mais la bergerie a un défaut : il n'y a pas de nourriture à l'intérieur. Pour manger, il faut sortir et marcher à découvert. À l'extérieur, il y a le pré, l'herbe tendre, la source fraîche, la nourriture et le mouvement, en un mot : la vie. Bien sûr, il y a aussi le loup qui peut attaquer les brebis et les agneaux, aujourd'hui la bête âgée et lente, demain la jeune incertaine, le jour suivant l'adulte distraite, les dévorant l'une après l'autre ; mais peut-on renoncer à se nourrir par crainte de rencontrer le loup ? Bien sûr que non : même si la perspective de la mort est commune aux deux options, la plus sûre serait de mourir de faim, et pas à cause de l'attaque potentielle du prédateur. Les animaux ne pourraient pas non plus rester toujours dans le pré, constamment exposés, car le risque d'être pris par le loup ou par un voleur augmente trop à la tombée de la nuit et un abri pour dormir est indispensable. La vie des brebis est garantie par le mouvement entre l'intérieur et l'extérieur, non par l'immobilité, et voilà que les paroles de Jésus cessent d'être obscures : il est la porte, c'est-à-dire la Personne qui rend possible la pratique du seuil comme espace vital. « Si quelqu'un entre en passant par moi, il sera sauvé ; il pourra entrer ; il pourra sortir et trouver un pâturage. » Entrer et sortir, trouver le repos quand le repos est nécessaire et le pâturage quand le pâturage est nécessaire est une oscillation qui demande un discernement attentif, car il y a un temps pour faire une chose et un temps pour faire l'autre : les confondre aussi peut vouloir dire mourir.

Dans cette exposition constante au risque d'être mal compris, de ne pas être reconnu, voire d'être tué, Jésus ne se présente pas aux disciples comme le protecteur qui défend contre les dangers, mais comme une frontière que l'on peut traverser, le point de contact qui permet à deux espaces, l'un vital et l'autre mortel, de communiquer entre eux et de réaliser chacun leur devoir envers les brebis. La pratique du seuil, la *queerness*, qui rejette l'appartenance à un seul enclos, est une pratique christologique, et Jésus la revendique lorsqu'il fait l'expérience directe de son « entrer et sortir » périlleux entre la Judée et la Galilée. L'histoire tout entière de Jésus, revue sous un angle queer, offre de précieuses pistes de réflexion aussi bien pour le militantisme que pour la foi, sans qu'apparaisse entre les deux parcours une incompatibilité substantielle. C'est en tant que femme, féministe et chrétienne en même temps, que je peux rechercher, pratiquer et protéger les seuils, les lieux de frontière entre les cages sociales dans lesquelles nous devrions tous·tes rester par la force d'une légitimité obligée, quelle que soit la forme qu'elles prennent, même la plus inconfortable. Accepter la *queerness* comme pratique chrétienne signifie reconnaître que la frontière ne nous entoure pas, mais nous traverse, et que ce que nous percevons comme une contradiction est en réalité un espace fécond dont nous n'avons pas encore saisi le potentiel vital.

La vie du monde à venir

« Tu as de la chance, toi, au moins, t'es croyante ! » Cette phrase me fait comprendre que pour beaucoup de gens, la foi est une sorte d'instrument de déresponsabilisation dans l'adversité, la certitude puérile de pouvoir s'en remettre à quelque chose de plus grand, à une justice supérieure et invisible qui arrivera là où nous, nous ne pouvons pas arriver, qui rétablira l'équilibre dans les déséquilibres que nous avons causés, subis ou que nous n'avons pas su réparer, qui punira l'âme cruelle et récompensera l'âme douce et, d'une manière ou d'une autre, chacun·e selon son mérite. Une telle conviction suppose que les croyant·es soient effrayé·es par le monde au point d'accueillir avec soulagement l'hypothèse d'un·e baby-sitter venu·e du ciel. Celles et ceux qui ont foi en cette perspective semblent être des personnes dont la vie est facilitée par un divin fantasmé, car elles peuvent, dans la tourmente, s'en remettre à Dieu, l'ami invisible avec lequel pleurer ; elles savent au moins qui remercier dans la gratitude et en cas d'hésitation, elles peuvent ouvrir la Bible au hasard, pointer le doigt sur un verset comme s'il s'agissait du grand livre des réponses et agir en conséquence. Elles en ont de la chance.

La foi, pour moi, n'a jamais représenté ce type de réconfort. Si certaines religions se sont exprimées en ces termes à diverses périodes historiques, Marx a eu bien raison de les considérer comme l'opium du peuple, un moteur antiprogrès qui arrête toutes les révolutions en reléguant le présent à un temps de passage et en reportant la justice à un au-delà imprécis. La foi en Jésus-Christ (et je le dis avec un certain regret) n'offre pas de consolation au sens pacificateur du terme. Après plus de deux mille ans, elle est toujours provisoire et impose à celle ou celui qui s'y confronte un engagement toujours incommodant, car ce dernier implique de quitter la zone de confort des réponses pour la zone d'activité sismique des questions.

L'une des scènes emblématiques de l'Évangile où il apparaît clairement que la facilité n'est pas la caractéristique première de la foi se trouve dans les pages où l'évangéliste Marc rapporte le dialogue entre Jésus et les apôtres aux abords de Césarée (Mt 16, 13-16). Interrogés sur les rumeurs qui circulent à propos de leur Maître, qui leur demande : « Qui suis-je, d'après les hommes, Moi, le Fils de l'homme ? », les disciples rapportent à Jésus les opinions de la rue, souvent très fantaisistes, comme celles qui le désignent comme le prophète Élie ou Jean le Baptiste revenu à la vie. Ce serait l'occasion pour Jésus de se révéler, au moins à ses amis, avec une déclaration explicite, mais il préfère leur retourner la question : « Et vous, que dites-vous ? Pour vous, qui suis-je ? » Je n'ai jamais pensé qu'il agissait comme un rabbin qui cherche à comprendre si ses étudiants ont appris leur leçon. Cela m'a toujours semblé, au contraire, une question absolue, un moment crucial, même dans la définition de mon propre rapport avec Jésus, qui, dans cet extrait, semble dire aux croyant·es de tous les temps que ce n'est pas l'étiquette qui compte, mais la relation personnelle, qui est beaucoup plus importante. C'est à partir de cette réponse que la foi se détermine comme expérience vitale, car chacun·e d'entre nous croira seulement en un Christ ressenti comme sien, celui dont il ou elle a reconnu le visage comme vrai à ses yeux. Même dans son absolu divin, Jésus veut rester lié aux vies de chacun·e et, au nom de cette relation, il continue à nous demander de dire, nous, qui il est, indépendamment des mots des autres.

Pierre répond à la question comme un premier de la classe, dans le style parfait du manuel de saint Pie X : « Tu es le Messie, le Fils du Dieu vivant. » Mais Jésus, au lieu de le complimenter, lui impose, sévère, le silence. Il sait que la réponse, correcte selon la doctrine, ne correspond pas encore à l'expérience de vie de son disciple, qu'il sera obligé peu après d'appeler brutalement « Satan » parce que, à l'instar du démon, Pierre cherchera à l'éloigner de sa mission, avec la bonne intention de lui sauver la vie. Avant de comprendre vraiment ce que signifie être le Christ, Pierre reniera trois fois son Maître, et, même devant le tombeau vide du Ressuscité, il n'aura toujours pas saisi pleinement quel genre de Messie a marché à ses côtés pendant trois ans. Comme toute chose vivante, la foi est un processus qui se clarifie au fur et à mesure qu'elle se développe et dans son devenir, elle nous trouvera toujours ambigu·ës, un jour élèves modèles et le lendemain diaboliques, même avec les meilleures intentions du monde. Ainsi, ce « pour vous, qui suis-je ? » est aussi l'invitation de Jésus à rester des théologien·nes, c'est-à-dire des personnes qui questionnent, sont à la recherche d'une richesse de sens qui n'est jamais donnée une fois pour toutes, mais qui révèle constamment un autre potentiel.

Les idées que l'on trouve ici et dans les livres auxquels celui-ci doit beaucoup n'étaient pas des pensées nécessaires aux débuts du christianisme, mais cela ne signifie pas qu'elles étaient impensables et qu'un jour, en partant de l'Évangile, elles n'auraient pas été pensées. Le processus de la Création, comme l'avait déjà pressenti saint Paul, n'a pas pris fin le septième jour, mais se poursuit à travers notre action dans le monde, et celui de l'Incarnation ne s'est pas achevé en Jésus, mais progresse chaque fois que sa Personne trouve de nouvelles réalités de la vie humaine dans lesquelles cette rencontre peut agir, en se révélant féconde et salvatrice.

La question du salut est le véritable indicateur si l'on veut chercher des points de convergence entre la foi et les mouvements de lutte des catégories discriminées. Seules deux interrogations ont réellement un sens dans cette optique : Comment la foi peut-elle ajouter plus de liberté au parcours de libération dans lequel nous sommes déjà engagé·es ? Comment ce parcours peut-il devenir plus inclusif grâce à la rencontre avec cette apothéose relationnelle qu'est la foi trinitaire ? Toute réponse qui ne va pas dans le sens de la liberté est une mauvaise réponse : il n'est pas difficile de la reconnaître, car elle engendre douleur et exclusion. C'est à partir de cette douleur et de cette exclusion que j'ai commencé à réfléchir, et c'est à celle ou celui qui les éprouve que je dédie le fruit de mon travail.

Ces pages ont cependant un destinataire caché, et je souhaiterais qu'il ne le reste pas : il s'agit de l'intellectuel·le croyant·e. Il en existe beaucoup plus qu'on ne le pense, en particulier parmi celles et ceux dont le métier est d'écrire, mais leur timidité à prendre leur propre vie spirituelle comme sujet cache la certitude que la foi est une réalité si intime qu'elle en est indicible et que la déclarer est une forme de pornographie, un geste peu prestigieux d'un point de vue professionnel. Ce sont des personnes qui vivent des spiritualités variées, conflictuelles ou apaisées, dissonantes ou en accord avec la vie ecclésiale, mais, dans la plupart des cas, elles sont unies par le même rapport au préjugé d'autrui, celui de l'athée qui a fait des études littéraires et qui, entre les lignes, attribue aux personnes de foi un statut de minorité intellectuelle. Le christianisme (infantilisé pendant des décennies comme une foi pour enfants et pour femmes, une doctrine bornée du dogme qui suspend la raison, et une religion des processions et des miracles folkloriques) suscite l'ironie et souvent le mépris chez les lettré·es. Poussé·es à la dissimulation de crainte d'être moqué·es et sous-estimé·es, les écrivains et les écrivaines qui croient en Jésus protègent le plus souvent leur appartenance à la foi, la vivant comme un fait privé et renonçant à en nourrir leur écriture, sauf dans de rares cas qui brillent par leur solitude. Je ne m'excuse pas, moi, d'être croyante, et je refuse de penser que cela m'oblige à démontrer en permanence la crédibilité de mes capacités intellectuelles. Je suis prête à donner raison de ma foi et aujourd'hui, à ce stade de ma vie, je suis prête aussi à dire que cette raison est la même qui, au fil des ans, m'a rendue féministe et m'a ouvert les yeux sur d'autres façons possibles d'être l'image de Dieu.

Postface

Sérieux, puissant, provocateur. Par un usage à la fois réfléchi et raffiné de la langue, et plus encore parce qu'il aborde de front des thématiques tout sauf habituelles, cet essai théologique de Michela Murgia s'impose à nous, et nous impose de le lire avec tout le calme nécessaire. Car, en plus d'argumenter et de clarifier, il interpelle. Sans l'arrogance du prosélytisme, mais avec la conviction qu'à la foi chrétienne-catholique aussi peuvent s'appliquer les mots du philosophe Edgar Morin selon lesquels « ce qui ne se régénère pas, dégénère ».

Sérieux.

Le lien étroit entre la littérature et la théologie n'est pas une nouveauté. La richesse des formes littéraires présentes dans la Bible elle-même l'atteste, et l'intérêt croissant des écrivains, surtout entre le XIXe et le XXe siècle, pour des histoires fortement marquées par l'expérience religieuse en témoigne de nouveau. En particulier, le courant qui puise ses racines dans la populaire *Vie de Jésus*, écrite au milieu du XIXe siècle par Ernest Renan, s'est encore récemment enrichi grâce à des auteurs issus d'horizons culturels très différents[1], et l'intérêt pour la figure du Nazaréen demeure une constante dans le panorama littéraire contemporain.

D'ailleurs, même du côté théologique, l'irruption des sciences du langage et le scepticisme à l'égard de l'abstraction doctrinaire conduisent à la recherche de nouvelles hybridations culturelles en comparaison à celles du rationalisme philosophique occidental et à une forte remise en cause du langage de la

1. Du Portugais José Saramago au Sud-Africain naturalisé australien John Maxwell Coetzee, de la Belge ayant grandi au Japon et en Chine Amélie Nothomb au Japonais Shūsaku Endō et, plus récemment encore, à la Française née sur l'île de la Guadeloupe Maryse Condé.

théologie ecclésiastique devenu jargon. Le malaise, ou la gêne, de nombreux croyants à l'égard d'un langage théologique banal, prévisible et conventionnel, imprégné de lieux communs parce que ancré dans la structure d'anciens catéchismes qui, aujourd'hui, éloigneraient de la foi même les personnes les mieux intentionnées, est très fort. De nos jours, les croyants vivent, comme les autres, dans un monde en perpétuelle mutation, qui exige de construire des interactions multiples et de capter des codes expressifs toujours nouveaux, y compris en ce qui concerne le *patrimonium fidei*, c'est-à-dire tout ce qui a trait à l'héritage de générations d'hommes et de femmes qui ont vécu et pensé la foi. Un malaise et une gêne que tout le monde n'est peut-être pas capable de traduire en mots, mais que tout le monde est en mesure d'exprimer par dcs faits et auxquels peu décident de faire face.

Le choix de la forme littéraire, non pas du roman, mais de l'essai, et, de surcroît, de l'essai théologique sur le thème de la confession de foi trinitaire, indique que Michela Murgia a développé une attitude de foi qui ne fuit pas devant les grandes questions, ni ne se contente de les résoudre dans le for intérieur de l'intimité dévotionnelle. Ceux qui fréquentent les milieux théologiques savent bien, en effet, combien la théologie trinitaire peine aujourd'hui à trouver un statut convaincant et, plus encore, à se traduire en une partition accessible même aux non-spécialistes. Il suffit d'ailleurs d'écouter les acrobaties lors des homélies de la liturgie de la fête de la Trinité pour s'en rendre compte. Et pourtant, depuis deux millénaires, ceux qui ont cru au Dieu révélé par Jésus de Nazareth reconnaissent, dès leur baptême, à chaque célébration de Pâques ou à chaque messe du dimanche, la confession de foi trinitaire comme leur « credo ». C'est pourquoi il s'agit là pour Michela Murgia, et à juste titre, du « cas sérieux » de la foi.

Puissant.

L'authenticité s'impose bien plus que l'arrogance : c'est là un autre point fort d'un essai théologique qui captive le lecteur par la perspicacité des arguments, le génie des connexions culturelles, la profondeur des réflexions, mais surtout par sa capacité à maintenir la confession de la foi trinitaire fermement ancrée dans la réalité de la vie. La sienne et celle de tous. « Partir de soi-même » : Michela Murgia adopte pleinement ce postulat du féminisme historique italien et en fait le critère d'une pratique spéculative qui prend pour point de départ les questions qui, au fil du temps, ont été le souffle porteur de son vécu. De femme, de féministe et de croyante. Un vécu dans lequel la « tentative de penser les choses », Dieu compris, devient la mesure de son jugement, de son engagement, de son désir et de sa disponibilité. En un mot : la mesure de son humanité. Michela Murgia ne s'adresse pas aux non-croyants, elle n'est pas non plus une athée fervente qui fait étalage de ses réminiscences doctrinales pour attirer les croyants en raison de leurs prétendues contradictions.

Michela Murgia est une croyante qui interpelle les croyants. Mais, comme le dirait le cardinal Carlo Maria Martini, c'est une croyante qui pense. Ou mieux encore, peut-être, c'est une croyante à qui la foi a donné matière à réflexion dès l'enfance. Et ce n'est pas tout. Sa période d'engagement dans l'Action catholique italienne lui a appris que ceux qui vivent leur foi de manière responsable ne cessent jamais de se sentir responsables de la foi des autres, en particulier des plus petits. Bien consciente que pour l'Évangile, les « petits » sont ceux qui commencent à vivre leur foi par choix. S'en sentir responsable signifie engager une « conversation sur la foi » qui naît du vécu et qui est capable de générer de la sagesse.

Et c'est précisément d'une « conversation » qu'est né ce livre. Un dimanche d'octobre 2019, Michela m'a appelée pour m'inviter, le jour même, à l'un des événements d'InQuiete, le festival des écrivaines, qu'elle avait décidé de consacrer à la théologie féministe. Elle ne me laissa aucune marge de négociation. Je me renseignai sur les réseaux sociaux et découvris que le titre qu'elle avait donné à l'événement était « Catéchisme féministe ». Une salle pleine à craquer de femmes. Quelques remarques en ouverture de notre part, puis une conversation extraordinaire sur la foi, de celles auxquelles tout professeur de théologie souhaiterait assister pendant ses cours. Une heure et demie, mais nous aurions pu continuer bien plus longtemps. Nous avons été étonnées que des femmes partageant des revendications féministes, très différentes les unes des autres pas seulement par l'âge, soient aussi intéressées par la réflexion théologique dès lors que celle-ci prenait au sérieux leur tentative de penser par elles-mêmes, y compris les questions de foi. Et bien que Michela et moi ayons des métiers différents, les questions que nous nous sommes posées se rejoignaient : Pourquoi, au cours des dernières décennies, les églises ont-elles préféré perdre des générations de femmes plutôt que de comprendre les énormes ressources d'intelligence et d'autonomie offertes par le féminisme ? Pourquoi n'ont-elles pas su être à l'écoute ? Est-il possible que, comme l'écrit le prophète Isaïe, même Dieu dise « Venez et discutons… » (Is 1, 18) et que, pourtant, les Églises soient incapables de dialoguer avec les femmes, non pas avec celles qui acquiescent, mais avec celles qui ont soif de débat ?

Provocateur.

Lorsque j'ai lu ce texte et que j'ai vu que Michela Murgia avait l'intention de donner comme base à son argumentation les mots de la première lettre de Pierre exhortant les chrétiens à être « prêts à tout moment à présenter une défense devant quiconque vous demande de rendre raison de l'espérance qui est en vous » (1P 3, 15), j'ai été déconcertée. Je savais, pour l'avoir appris il y a de nombreuses années lors de mon premier cours de théologie fondamentale, qu'il y avait deux interprétations possibles : comprendre l'exhortation dans un sens classique, c'est-à-dire apologétique, ou dans un sens critique, c'est-à-dire comme la théologie postconciliaire a tenté, encore sans grand succès jusqu'à présent, de nous l'enseigner. Sur ce point de la fascination du code binaire, Michela Murgia va également au-delà. En effet, l'adjectif « critique » renvoie essentiellement à une méthode et trahit ainsi la rigidité du lexique des Lumières, alors qu'aujourd'hui le terme « queer » révèle plutôt cette approche de la réalité tout entière, capable d'en remettre en question les codes, nécessaires peut-être à l'organisation sociale, mais jamais suffisants à la qualité pleinement humaine de la vie.

Ce n'est donc pas un hasard si Michela Murgia libère tout d'abord l'adjectif « queer » de sa réduction à l'une des variantes possibles de l'appartenance sexuelle et lui redonne son ampleur sémantique, permettant ainsi d'en faire une qualification décisive du mode de pensée, y compris de la pensée théologique. En ce sens, son « catéchisme féministe » est vraiment provocateur : lorsque, en tant que croyante féministe, elle rend raison de sa foi, Michela Murgia interpelle, provoque, appelle à un débat intérieur, mais lorsqu'elle le fait « en partant de soi », cela demande tout autant de courage.

C'est pourquoi, peut-être, nous, les théologiens de métier, pourrions avoir plus de mal que d'autres à lire ce livre. Non pas parce qu'il serait irrévérencieux, polémique, irritant, mais parce qu'il nous demande de partir de nos propres questions, alors que nous sommes, peut-être plus que d'autres, spécialistes d'une volonté de donner des réponses, parfois même sans avoir écouté les questions au préalable. Nous avons vu, à travers l'histoire, que l'on peut chanter un jour *God Save the Queen* et le lendemain *God Save the King*. Affirmer « God

Save the Queer », c'est accepter une grande responsabilité. Et c'est ce que Michela Murgia a voulu faire : « Venez et discutons… »

Marinella Perroni

Généalogie bibliographique

Si vous souhaitez en savoir davantage sur le monde des icônes et sur leur symbologie, le livre fondamental par lequel commencer est *L'Art de l'icône. Théologie de la beauté* de Paul Evdokimov (Desclée De Brouwer), théologien et philosophe russe, mort dans les années 1970, qui a également été aide-cuisinier à Paris et chauffeur de taxi à Istanbul, expériences en rien étrangères à son extraordinaire capacité à interpréter l'art orthodoxe.

Si vous désirez approfondir la question trinitaire en lien avec la *queerness*, une bonne première approche consiste à lire *La Trinitat, avui*, la thèse de doctorat de sœur Teresa Forcades, religieuse bénédictine catalane, médecin et théologienne, que j'ai eu le plaisir de rencontrer à Monserrat en 2013 et dont les réflexions sur le sujet ont ensuite évolué et donné lieu à la publication de *¡Somos todxs diferentes! Por una teología queer* (Editorial Gorla, non traduit en français). Les deux textes méritent d'être lus dans leur ordre de parution, notamment parce que de nombreuses années les séparent.

Le concept de Dieu comme Totalement Autre est traité de manière approfondie par de nombreux philosophes, mais mes deux principales références, lorsque j'avais une vingtaine d'années, ont été les textes du théologien Karl Barth, en particulier *L'Épître aux Romains* (Labor et Fides, trad. Pierre Jundt), et *Die Sehnsucht nach dem ganz Anderen* de Max Horkheimer (Furche Verlag, non traduit en français).

La question de la christianisation en tant que processus d'enculturation et non de foi est abordée à partir de *Pourquoi nous ne pouvons pas ne pas nous dire « chrétiens »* de Benedetto Croce (Payot & Rivages, trad. Jérôme Nicolas), qui mérite également d'être lu pour d'autres raisons, notamment parce que les réflexions qu'il contient permettent de comprendre comment les symboles de la foi ont pu devenir, au XXe siècle, un outil politique pour les partis de droite.

Si vous voulez en savoir plus sur le féminisme de la différence (ou du corps, comme je l'ai appelé ici), je vous conseille de commencer par *L'Ordre symbolique de la mère* de Luisa Muraro (L'Harmattan, trad. Francesca Solari et Laurent Cornaz).

En ce qui concerne les sujets spécifiques de ce livre, il est cependant plus utile de lire *Potere e politica non sono la stessa cosa*, également de Luisa Muraro, cosigné par Chiara Zamboni et publié par Liguori (non traduit en français).

Sur le concept de familialisme amoral dans le chapitre sur la paternité de Dieu, la référence la plus accessible est le texte de Sydel Silverman, consultable en ligne à cette adresse [lien consulté le 13/12/2024] : https://anthrosource.onlinelibrary.wiley.com/doi/pdf/10.1525/aa.1968.70.1.02a00020

Le concept d'interaction parasociale, quant à lui, peut être approfondi ici [lien consulté le 13/12/2024] : https://www.researchgate.net/publication/230533508_Horton_and_Wohl_Revisited_Exploring_Viewers'_Experience_of_Parasocial_Interaction

Les textes auxquels ce livre doit le plus, outre l'Évangile et les dizaines de titres qui font partie de ma formation théologique, sont les essais *Faire confiance à la vie* du théologien Hans Küng (Seuil, trad. Éric Haeussler), et surtout *Épistémologie du placard* d'Eve K. Sedgwick (Amsterdam, trad. Maxime Cervulle), un fondement essentiel de la théorie queer.

Remerciements

Merci à :

Alessandro Giammei, qui, ces dix-huit dernières années, a été le maïeuticien de chaque ligne que j'ai écrite.

Chiara Valerio, pour la confrontation constante qui a également donné le titre de ce texte.

Lorenzo Gasparrini, pour sa vérification des passages liés à l'iconographie.

Diego Passoni, pour le sentiment commun de foi et de militantisme, à l'origine de ce livre.

Lorenzo Terenzi, Claudia Fausone et Elena Piccinni, qui ont écouté certaines parties du texte en cours de rédaction et m'ont permis de l'améliorer grâce à leurs retours.

Maura Gancitano, qui m'a fourni le matériel nécessaire pour réfléchir à la parenté parasociale.

Marinella Perroni, dont la sagesse théologique m'a incitée à chercher des mots à la hauteur, sinon de mon sujet, du moins de mes intentions.

Sources

La citation de la page 11 est tirée de *Penso positivo*, texte et musique de Lorenzo Jovanotti Cherubini et Saturnino Celani © 1993 DJ's Gang, Soleluna Srl et Universal Music Publishing Ricordi Srl. Tous droits réservés pour tous les pays.

La citation de la page 21 est tirée de Chiara Valerio, « Perché bisogna fidarsi del futuro delle parole », *La Repubblica*, 24 juillet 2022.

La citation de la page 37 est tirée de Benedetto Croce, *Perché non possiamo non dirci "cristiani"*, Centro Pannunzio, Turin, 1998.

La citation des pages 129-130 est tirée de Teresa Forcades, *La Trinitat, avui*, Publicacions de l'Abadia de Montserrat, 2005.

La citation de la page 169 est tirée d'Edgar Morin, *Enseigner à vivre. Manifeste pour changer l'éducation*, Actes Sud, Paris, 2014.

Pour l'icône de Roublev mentionnée dans le texte : Andrej Rublëv, *La Trinité*, tempera sur panneau de bois, vers 1420-1430. Moscou, Galerie Tretiakov (© 2022. Photo par Scala, Florence).

Table des matières

CET OUVRAGE
A ÉTÉ ACHEVÉ D'IMPRIMER
SUR ROTO-PAGE
PAR L'IMPRIMERIE FLOCH
À MAYENNE EN JANVIER 2025

#lisez! engagé
www.lisez.com
Pour plus d'information :
Imprimé sur du papier issu de forêts gérées durablement.

N° d'impression : 106228
N° d'édition : P32059/01
Imprimé en France